园本课程理论与实践探索丛书(第2辑)

北京市教育委员会 总主编
学前教育杂志社 承 编

幼儿园区域活动的实践与探索

何艳萍 主编

Youeryuan quyu huodong de shijian yu tansuo

北京师范大学出版集团
BEIJING NORMAL UNIVERSITY PUBLISHING GROUP
北京师范大学出版社

图书在版编目（CIP）数据

幼儿园区域活动的实践与探索/何艳萍主编．—北京：北京师范大学出版社，2010.9（2022.10 重印）

（园本课程理论与实践探索丛书．第 2 辑）

ISBN 978-7-303-11530-3

Ⅰ.①幼…　Ⅱ.①何…　Ⅲ.①活动课程－学前教育－教学研究　Ⅳ.①G612

中国版本图书馆 CIP 数据核字（2010）第 177529 号

图书意见反馈：gaozhifk@bnupg.com　010-58805079
营销中心电话：010-58806880　58801876

出版发行：北京师范大学出版社　www.bnup.com
北京市西城区新街口外大街 12-3 号
邮政编码：100088
印　　刷：北京虎彩文化传播有限公司
经　　销：全国新华书店
开　　本：710 mm×1000 mm　1/16
印　　张：10.5
字　　数：172 千字
版　　次：2010 年 9 月第 1 版
印　　次：2022 年 10 月第 9 次印刷
定　　价：21.00 元

策划编辑：罗佩珍　　　责任编辑：张丽娟
美术编辑：毛　佳　　　装帧设计：李尘工作室
责任校对：李　菡　　　责任印制：马　洁

编 委 会

序

近年来，随着人们对幼儿园课程及其影响的日益重视与关注，幼儿园课程的理论与实践研究在不断深入。尤其是《幼儿园教育指导纲要（试行）》（以下简称《纲要》）颁布以来，以幼儿园为基地进行园本课程的开发与研究成为当前幼儿园课程改革的重要途径。

北京作为全国首善之区，拥有一批办园条件优良、文化积淀深厚的名园。多年来，这些园所以“尊重幼儿个性特点、促进幼儿终身发展”为己任，努力实践《纲要》精神，并结合园所自身的组织文化、历史积淀、办园理念、办园特色，努力开展园本课程的实践研究，取得了令人瞩目的成果：有些园所自“八五”“九五”起，就承担着国家级、市级课题研究的任务，在健康、语言、社会、科学、艺术领域开展了广泛而深入的研究，积淀了非常丰富的经验；有些园所立足自身特点，在特殊幼儿随班就读、家园合作、0～3岁早教等方面进行深入探究，取得了长足的进展；有的区域依托农村特有的资源，带领教师开展了乡土课程的研究，等等。为了充分挖掘和系统整理这些研究成果，推动区域内园际间的交流与互动，并率先垂范，将全国各地不同地域的园本课程研究引向深入，充分发挥首都幼教的龙头、示范作用，北京市教育委员会学前教育处特别组织编写了“园本课程理论与实践探索丛书”，与全国广大的幼教工作者共享。

本套丛书系北京市第二批“园本课程理论与实践探索丛书”，共25本，真实记录了北京市关于园本课程开发与研究、园本教研制度建设的现阶段进展。每本书稿都凝结了各园所多年来付出的劳动和心血，是长期研究、探索、实践的生动展现和经验总结。负责各书稿主编工作的基本都是各幼儿园的园长，我们也能由此领略到新时期幼儿园园长的风采：

他们在引领园所践行园本课程的过程中已成长为业务型、专家型的幼教管理者。正是他们，秉承着“一切为了孩子”的理念，和自己的教师团队一起，研究幼儿、研究教师、研究教学、研究课程，为我们的幼儿园课程更适合幼儿的发展贡献着自己的智慧和力量。

为了做好丛书的编辑、整理工作，我们特别责成学前教育杂志社承担这项任务。自“十五”以来，他们肩负着报道教育部基础教育课程中心重点项目的工作，对北京园所进行追踪报道，从“《纲要》行动计划在行动”到“‘以园为本教研制度建设’在行动”，与广大幼儿园建立了良好的互动关系，丛书的终成离不开他们的辛勤劳动。同时，北京师范大学出版社的编辑们也为丛书的出版做了大量工作，使丛书得以顺利出版。

伴随着新中国的成长，北京幼教也历经了六十多年的风风雨雨，坚持“普及与提高”“规模与质量”相统一，是我们永恒的主旋律。我们希望这套丛书能为我国的幼儿园课程改革注入新的活力，并能带动更多的幼儿园开展园本课程的实践研究，从而推动我国的幼儿园课程改革迈上新的台阶！

罗洁

2010年7月

前 言

随着社会对人才的需求以及教育改革的不断深入，培养具有主动性、创造性的人才已成为教育追求的目标。《纲要》中提出：幼儿园应为幼儿提供健康、丰富的生活和活动环境，满足他们多方面发展的需要，同时还强调关注个别差异，促进每个幼儿富有个性地发展。区域活动这种课程组织形式，对幼儿的发展有重要影响，特别是在幼儿主动性、个性发展方面有着重要教育价值。因此长期以来，我园对区域活动进行了多方位的研究。

1996 年以来，我园对区域活动的开展还处于摸索阶段。1999 年开始，我园从研究区域活动的概念、价值入手，组织教师进行学习、讨论，深入理解了关于区域活动的重要概念。2000 年，我园结合实践中的困惑，又进行了区域环境创设方面的研究，通过研究明确了区域设置的原则、材料投放的策略，同时申报了区级课题《益智区材料投放与指导策略的研究》，自主研发了区域的自制玩具、材料。在这一阶段的研究之后，我园又结合实践中的问题与困惑，先后进行了区域活动组织与指导策略的专题教研以及不同功能活动区的创设与指导的独立区域的研究，涉及的重点区域有建筑区、角色区、美工区、益智区、科学区、自然角、手眼协调区等，纵观我园对区域活动开展的研究历程，体现了如下三个特征。

一、自主研究

每一个研究专题的开展都是组织者先查阅资料，学习理念，一字一句地咀嚼其中的内涵，再从教研方面引领教师学习、思考、反思，研究的过程是艰辛的，走过的痕迹是扎实的，付出的辛苦是值得的，因为我们收获的是管理者与教师共同进步、共同成长。

二、园本教研的支持

长期以来，我园的园本教研一直致力于解决一线教师在实践中的困惑与问题，我们用科研的科学思维方式，采用行动研究的方法，力图使教研做到理论先行、策略可操作、研究系列化，因此在园本教研方面也积累了一些实际的经验与做法。

三、研究的不间断性

多年来，我们对区域活动的研究一直在不间断地进行，从初期的对于基本概念的认识到环境创设的研究，再到区域活动组织指导策略的研究，最后到逐个区域的研究，每一阶段的推进都使区域活动的研究逐渐走向深入。

总之，在长期积累的过程中，幼儿、教师、管理者在其中都获得了有益的发展，因此我时常为教师辛勤的耕耘、默默的付出所感动。

本书的编写体现了以下结构：

此书共分为五章，第一章为总论，重点介绍了区域活动的研究背景、研究历程、区域研究的理论依据及启示。此外，澄清了以下基本概念：区域活动的基本类型、区域活动对幼儿发展的价值、区域活动的三要素等。第二章重点论述了区域环境即空间安排、材料投放以及区域背景墙饰的创设原则和策略。第三章重点论述了区域活动组织与指导的策略，分别从选区、活动过程、收拾整理、评价四大环节阐述区域活动组织及指导的策略。第四章从管理的角度论述了为区域活动开展所提供的有效支持，重点论述了制度保障、教研方式以及评价方法。第五章主要精选了多年来我园在区域活动材料的开发以及重点区域研究方面的成果，以操作材料照片以及案例的形式呈现出来。

本书在写作上力图体现实践性的特点，重在给一线教师提供实践策略的支持与帮助，在呈现方式上体现理论在前、策略在后、案例插入的特点，使一线教师易于理解和接受。

本书在教研活动以及出版的过程中，得到了各级领导的支持与帮助，在此表示衷心的感谢，同时因为有广大一线教师不懈的努力与无私的奉献，才使得研究取得宝贵的经验和成果。因此，本书也是多年来集体智慧的结晶，今后我们还要继续本着培养“积极、主动、富有个性的新时代儿童”的办园目标，不断研究与探索。由于水平有限，书中仍有诸多不足和需要完善之处，敬请专家与读者批评指正。

何艳萍
2010 年 3 月

目录

第一章　总　论

区域活动作为幼儿园课程的重要组成部分，作为幼儿学习的重要途径，在《纲要》精神的指引下，在先进教育理论的滋养下，不断发展、深化，它对儿童发展的重要意义与价值越来越被广大幼教工作者所重视。那么，区域活动的强大生命力来自哪里？它对儿童的成长有哪些影响？作为一名教师又该如何驾驭区域活动，让它真正为儿童发展服务？近几年来，我园对区域活动进行了全方位、多角度的研究，在实践中探索出了一些做法，也获得了一些对区域活动的感悟和理解，我们把这些年来的研究所积累的宝贵经验与广大幼教工作者共同交流、分享，愿它能给一线教师的实践工作带来启示与帮助。

第一节　区域活动的研究背景与研究历程

一、区域活动的研究背景

区域活动这一概念来自于美国 High/Scope 教育研究机构的高瞻课程，该课程以关键经验为核心，通过一系列活动来帮助儿童获得关键经验，而活动的开展是以"活动区"为中介，教师有意识地将关键经验物化为活动材料和活动情境，儿童在活动区中充分地与材料、环境、他人互动以获得学习和发展。随着 1989 年《幼儿园工作规程》（以下简称《规程》）的颁布，我国对区域活动的认识、研究也逐步展开，《规程》特别突出了游戏在幼儿园教育中的地位，将"以游戏为基本活动，寓教育于各项活动之中"作为幼儿园的一条指导原则，并指出"游戏是对幼儿进行全面发展教育的重要形式"，在《规程》的指引下，北京市的幼儿园开始对区域活动进行进一步的研究与探索，当时的研究主要以游戏理论为依据，把区域活动定义为"有任务的游戏"，并从游戏条件的创设、游戏活动的指导两方面对区域活动进行研究，建立了区域活动组织与指导的完整的框架。

2001 年，随着《纲要》的颁布，一些先进的教育理念也相继被广大教育工作者所接触、熟悉，典型的教育理论有皮亚杰的建构论、维果斯基的合作建构论、蒙台梭利教育理论、多元智能理论等。区域活动作为实施课程的重要形式，它对幼儿自主学习的价值被更多的教育工作者所认识。此时北京市推出了“快乐与发展课程”作为贯彻《纲要》、指导广大幼儿教师进行课程改革实践的重要依据，特别指出了不同年龄班的主要活动形式，小班——游戏化的一日生活，中班——目标化的活动区活动，大班——活动化的共同学习。由此可以看出，区域活动已经成为中班课程实施的主要形式。汪荃主编的《幼儿园游戏课程模式》把幼儿园的教育目标融会到六大类区域游戏和四大类主题游戏中，区域游戏的研究视野更加开阔。

2006 年，刘占兰主编了《促进幼儿教师专业成长的理论与实践策略》一书，书中提出区域活动研究在领域课程的框架下进行，区域活动以各领域的关键经验为发展目标，在实践形态中以各个活动区不同的功能与价值为指南；也研究了幼儿的学习进程与发展线索、材料的提供、背景墙饰的设置以及教师的指导策略等内容，这使活动区的研究走向系统化，幼儿发展的线索更加清晰，使得教师的指导能够有效依据关键经验、核心价值，指导的针对性、实效性更强。

二、区域活动的研究历程

区域活动研究随着教育理念的不断更新、实践探索的不断深入而逐步发展深化，我园在区域活动研究的大背景下，也经历了艰辛的自主探索的过程。回首这段历程，我们收获了宝贵的实践经验、教育策略，并在多种先进教育理论的影响下，实现了教师的专业成长和幼儿的主动发展。现对我园区域活动的探索历程做简单回顾。

第一阶段：对区域活动的探索及全面研究阶段。

1. 学习《幼儿教师工作评价》，初步认识区域活动。

1999 年，《学前教育》杂志出版了增刊——《幼儿教师工作评价》，这给我园区域活动的开展带来了生机。通过学习，我们明确了区域活动的性质——有任务的游戏，并从游戏环境的创设和游戏活动的指导两方面学习了评价标准，对如何创设环境和教师如何指导有了基本的了解。

2. 借助课题，开展全面的研究。

200C 年，我园申报了区级课题《益智区材料投放与指导策略的研究》，并经批准立项。于是我园从两方面开展了研究：一是区域活动如何投放材料；二是教师在区域活动组织指导中的策略。

首先，我园对材料如何物化教育目标进行研究，我们以《幼儿园教育指导纲要（试行）》为指针，借鉴了蒙台梭利的相关理论，自主研发了活动区自制玩具，并多次承担区级观摩活动。2001 年，我园将区域自制玩教具的经验汇编成《区域活动材料的研究、开发与创新》一书，并在全区进行推广。之后，我园又依据认知发展课程理论对区域活动的组织与指导进行分环节的研究。在这一阶段的研究中，我园重点以《活动中的幼儿——幼儿认知发展课程》为参考，结合我园实际情况，按照选区、活动、收拾整理、评价四个环节，对活动区的组织与指导进行了研究，在如何支持幼儿的经验建构，如何促进幼儿主动学习方面取得了认识上的突破，有效地推动了幼儿的自主学习、主动发展。

第二阶段：区域研究与领域研究相结合，进入区域活动研究的深化阶段。

在不断的实践中，教师感到困惑的是教师的指导目标不够系统化，幼儿发展水平的线索不够清晰。追本溯源，我们认为还是要把区域活动的研究与所对应的领域研究相结合，这样才能够使幼儿的发展可持续、见实效。于是我们每学期有重点地选择一个区域作为研究专题，研究各活动区所对应的领域目标、关键经验、领域的特点与教学规律。我园自主研究的区域有建筑区、角色区、益智区、美工区、科学区、自然角、手眼协调区，通过这一系列的研究，我园领会了区域活动中领域关键经验的内涵，掌握了幼儿发展水平的线索，并总结出不同区域活动的完整指导思路，使我园区域活动水平得到了进一步的提高。

第二节 区域活动研究的理论依据及启示

一、皮亚杰的建构论

皮亚杰的建构论认为，儿童的认知是在不断地与环境的相互作用中获得和发展的，当儿童操作和探索外部世界时，他们积极地建构内部心理结构。认识既不发生于主体，也不发生于客体，而发生于主体与客体之间同化和适应的相互作用中，学习是学习者主动建构的过程。

皮亚杰的建构论给了我们如下启示：

1. 环境对儿童发展具有重要价值，要为儿童提供丰富的环境，材料要具有可操作、结构化的特点，以使幼儿在与环境的互动中获得发展。

2. 教师要重视了解幼儿的原有经验，支持幼儿用各种方式表达事物的前提是丰富幼儿原有经验。

3. 教师的指导策略要能够利用儿童的认知冲突，在了解幼儿原有经验的基础上通过关键提问，使幼儿产生认知冲突，从而主动建构新经验。

二、维果斯基的合作建构论与“最近发展区”

维果斯基的理论认为，一切高级心理机能的发展，如观察、随意注意、抽象思维、高级情感等，都是通过人与人的交往形成的，主动建构是“社会性的”，而非纯个人的。幼儿现有水平和成人或年长的同伴合作中所达到的水平之间的距离为“最近发展区”。教学要走在发展的前面，教师提供的教学必须落在最近发展区内，反对纯粹的自我发现学习，倡导“协助的发现”。

维果斯基理论给了我们如下启示：

1. 教师要通过多种途径为幼儿创造合作交流、讨论、分享的机会。

2. 依据最近发展区理论，提倡师幼互动中多运用支架教学，即把较困难的目标分解成多个逐层递进的目标，使幼儿沿着教师搭建的支架一步步实现最终目标。

三、蒙台梭利的教育理论

（一）环境

教育的基本任务是使每个儿童的潜能在一个有准备的环境中都能得到自我发展的自由，课室内外环境是根据课程的内容领域提供各种活动区域，让儿童在不干扰他人的情况下可以自由选择。

有准备的环境包括：

1. 创造有规律、有秩序的生活环境。

2. 提供有力的、美的、实用的设备和用具。

3. 允许儿童独立地活动，自然地表现，使儿童能意识到自己的力量。

4. 丰富幼儿的生活印象。

5. 促进儿童智力的发展。

6. 培养儿童的社会性行为。

（二）教具

1. 蒙氏教具的设计与儿童内在发展需要相配合，与儿童的敏感期的发展相配合，因此各种教具在设计及使用方法上由简至繁，具有顺序性。

2. 蒙台梭利教具是为自动教育而设计的，所以对错误的控制是教具本身的特点。

（三）教师

1. 教师必须了解并认识自己是处于观察者的地位。

2. 教师除了是一位观察者之外，更是环境的预备者。

3. 教师的职责就是建立常规和排除儿童自然发展中的障碍，观察儿童的表现和了解儿童的需要，以便更好地承认、培育和保护儿童自身的能力，并给予间接的帮助。

（四）儿童

1. 强调儿童只有在自由的气氛中才能将自我呈现出来，儿童的自由应该以不违反共同的利益为原则。

2. 儿童在教室里可以随意选择自己所喜欢的活动，而真正的选择是来自于对活动的了解。

3. 儿童经过自由选择、自主练习从而实现专注，专注是智力发展的前提。

蒙台梭利教育理论给我们如下启示：

1. 区域环境创设应具有美感、整洁有序，并物化教育目标。

2. 材料应具有结构性，体现目标的顺序性、层次性。

3. 教师要通过观察了解儿童的需要和发展水平，在必要的时候给予帮助。

4. 实现幼儿自主活动的第一步是教师要给儿童自由的空间，鼓励幼儿自由选区、选择活动，但选择的前提是熟悉材料及玩法。

四、加德纳的多元智能理论与多彩光谱项目

加德纳认为人拥有八种（或更多）智能：语言智能、数理逻辑智能、视觉空间智能、音乐智能、身体运动智能、人际交往智能、自我认识智能、自然认识智能。依据这八种智能，引导幼儿进入多领域的学习活动区。在学习活动区中，教师通过观察识别儿童的智能强项和活动风格。一旦确认了儿童的强项领域后，教师应提供必要的帮助，加强和培育这

种强项。利用儿童在其强项领域的经验，引导他们进入其他广泛的学习活动中。

加德纳理论给了我们如下启示：

1. 创设满足儿童兴趣、需要及发展多种智能的活动区，满足儿童发展自己的强项，使儿童富有个性的发展。

2. 利用儿童的强项，创设情境，安排任务，发展幼儿的弱项，促进个体的全面发展。

3. 儿童智能优势不同，学习风格不同，教师要以接纳的态度对待儿童的个体差异，因材施教。

第三节　区域活动的相关概念

一、区域活动

区域活动也称活动区活动，它是幼儿按照自己的意愿进行的一种带有学习和工作性质的游戏。在区域活动中幼儿自由选择区域，自主发起、自由选择活动，通过与材料、伙伴、教师的相互作用而获得各方面的经验，实现自身的发展。区域活动作为教育活动的重要组成部分，作为落实教育目标的重要途径，有其独特的教育功能及教育价值。研究如何科学地开展区域活动对幼儿的发展有着极为重要的意义。

二、区域的基本类型

在这里，区域类型的划分是在六大类游戏划分的基础上，在参考了蒙台梭利教育“有准备的环境”的创设思路上进行的。为服务于教师在幼儿园实践中科学创设适合幼儿活动的区域，结合不同功能区所能实现的教育价值，将区域划分为八大类型：

1. 手眼协调区（也称生活区）：主要训练幼儿的手眼协调能力、生活自理能力和为他人服务能力，以基本动作训练为主。

2. 语言区：是与语言活动相关的区域，它包括图书阅读区和语言讲述区两部分，幼儿在这一区域中可以进行图书阅读、讲述和表演、创编或仿编、前书写准备练习等活动。

3. 角色区：以发展幼儿的语言和社会性为主要功能的区域，在这一区域中，幼儿可以进行家庭扮演类游戏、社会角色扮演类游戏等。

4. 益智区：是发展幼儿思维能力及数、量、形、空间、时间等概念的区域，在这一区域中幼儿可以进行数学类、观察类材料的操作，进行各种棋类活动。

5. 科学探索区及自然角：是培养幼儿科学精神与态度，获取有关生物、自然现象、材料及其性质、工具与技术等方面知识的区域。在科学区中幼儿可以进行科学等探索和实验活动，在自然角幼儿可以进行种植、养殖、观察等活动。

6. 建构区：是以培养幼儿对形体的感知，发展幼儿对空间关系和逻辑关系的理解为主要目标的区域，它包括大型建构区和小型建构区，在建构区幼儿可以照图建构或创意建构。

7. 美工区：幼儿在这一区域可经历用色彩、线条、立体造型等方式个性化地表现经验与情感；获得熟悉、运用并创造性综合使用美工区材料的机会，幼儿在美工区可以进行的活动有绘画、泥工、剪纸、色彩、手工制作等。

8. 表演区：表演区的主要内容由歌舞表演和戏剧表演两部分组成，幼儿可以用自己喜欢的方式表达自己对音乐的感受，在戏剧表演中再现或创造性地表演他们感兴趣的人物表情、动作、情节和活动场面，体验表演的乐趣。

三、区域活动对幼儿发展的价值

在区域活动中，幼儿自主选择活动，自主探索，从而发展了幼儿行动的目的性和对行动的支配调节能力，有利于幼儿的自主性、独立性和主动性的发展；区域活动中幼儿有更多的与环境（人、材料）互动的机会，有利于幼儿主动建构多方面的经验；在区域活动中幼儿可以按自己的兴趣、需要、水平选择适宜的活动，从而实现个性化的发展；在区域活动中幼儿经过自由选择、自主操作，从而能够更加专注，有利于幼儿良好注意品质的形成；在区域活动幼儿有更多的与同伴交往的机会，有利于提高幼儿的社会交往能力和语言表达能力。

四、区域活动的三要素

环境、教师、幼儿这三者构成了区域活动的三要素。在区域活动中，环境是指物质环境和人际环境；教师是幼儿活动的观察者、指导者、游戏伙伴，是活动环境的创造者；幼儿是积极主动的学习者、游戏者。三者之间相互作用，其关系主要表现为：幼儿是在与周围环境的相互作用下获得发展的，是通过动手操作材料与环境中的人交往等相互作用实现主动建构的；教师以环境为中介，对幼儿实施间接指导，教师要把教育目标蕴涵在为幼儿创设的有准备的环境中，通过观察，适当指导来促进幼儿发展的；在人际环境中，幼儿之间、师幼之间的互动都要教师去调节。

五、区域活动与集体教育活动之间的关系

区域活动与集体教育活动都是课程的重要组成部分，教师组织的集体教育活动会延伸到活动区，以满足不同幼儿的个体需要；幼儿在活动区的活动还可能生发和延伸成教师组织的具有连续性的、由浅入深的教育活动，即生成活动，因此区域活动与集体教育活动在实施课程目标的过程中互为补充，相互配合，共同促进幼儿的发展。

第二章 创设有准备的区域环境

皮亚杰的儿童认知发展理论告诉我们，儿童的发展是在不断地与环境相互作用的过程中获得的。《幼儿园教育指导纲要（试行）》中指出，环境是重要的教育资源，应通过环境的创设和利用，有效地促进幼儿的发展。这一切都让我们认识到“环境”对于幼儿具有重要的意义，如何创设与幼儿发展相适宜的区域环境，成为区域活动研究中的重要命题。蒙台梭利关于环境的理论给予我们很多的启示，她认为激发儿童潜在的生命力，让儿童在活动中得到持续不断的发展，必须为儿童提供“有准备的环境”。为使环境具有滋养力，蒙台梭利注重为儿童营造美观的环境和变化的环境；为给儿童创设有准备的环境，蒙台梭利精心研究课程领域内容，为儿童提供各种活动区域；为使儿童能够自主支配所处的环境，她为儿童提供与自身水平相适宜的设备和用具；为使环境与儿童内在成长的需要相吻合，她研究教具的结构与秩序……蒙台梭利“有准备的环境”时刻提醒我们，环境的创设不是随意的，而是要把教育渗透其中，潜移默化地影响幼儿。在这一思想的影响下，我们以活动区域的设置、区域材料的投放、区域背景环境创设为切入点，开展了一系列研究，积累了有益的经验。

第一节 区域设置的基本原则

区域设置是开设区域首先遇到的问题，开设哪些区域？场地、空间位置如何选择？区域设置应考虑哪些因素的影响？经过实践探索，我们总结出了以下几个区域设置的原则。

一、全面性原则

区域设置的全面性原则即要充分考虑各个领域教育的需求，开设具有不同功能的区域，实现通过区域活动落实各领域目标的目的。除此之外，区域的开设还要考虑幼儿的不同兴趣和不同需求，使他们能够找到适合自己的活动。由此可以将全面性原则理解为：不同功能的区域要设置齐全，最终使幼儿的全面发展成为可能。同时，实践告诉我们，不同年龄班的幼儿特点不同，区域活动教育的重点也应各不相同。

小班幼儿对情感的需求较强烈，对成人有明显的依恋，认识活动往往依靠具体的动作，喜欢摆弄和操作材料，小肌肉动作发展不协调灵活，生活自理能力较弱，所以区域活动教育的重点目标应为满足幼儿情感需要，稳定幼儿情绪，提高幼儿生活自理能力，促进小肌肉的发展以及幼儿语言表达能力的发展。开设的重点区域有娃娃家、宠物区、手眼协调区、美工区、图书区，同时伴有其他区域的开设。

中班幼儿活泼好动、喜欢探索，能积极运用感官感知事物，由于思维的概括性和心理活动的有意性的发展，任务意识增强，同伴之间的交往逐渐增多，交往能力逐渐提高。开设的重点区域有角色区、益智区、建筑区、语言区、美工区、科学区，并伴有其他区域的开设。

大班幼儿求知欲强，抽象思维开始萌芽，在活动中能够制订行动计划或行动方案，能自己解决活动中的问题，规则意识增强，具有一定的自我控制能力。开设的重点区域有益智区、科学区、语言区、表演区、美工区、建筑区、角色区，并伴有其他区域的开设。

贯彻全面性原则，还会遇到空间、场地有限的问题，我们的做法是：

1. 轮换开区：即将要开设的区域进行统整，每月根据教育重点有计划地开区，实现一学期内区域开设的全面性。如 9～10 月，小班把娃娃家的开设作为教育重点，11～12 月可以结合新年庆祝活动将建筑区的场地更换为表演区，发展幼儿的表演能力。轮换开区有效地解决了场地的局限，实现了幼儿的全面发展。

2. 联合开区：同年龄班可开设一些公用区域，区域的开设可由同年级的不同班级来承担，如有的班级开设“饭店”，有的班级开设“娃娃家”，有的班级开设科学区，这样就可以在平行班级中实现区域资源共享。

3. 开发公共空间：对于相邻近的班级，可以把共同的空间开发利用，作为共用的活动区。例如，在楼道设置阅读区、建筑区、角色区等作为两个班共用的活动区。

二、科学性原则

科学性原则即指区域的设置要全面考虑相关的物质环境中的各种因素，合理安排区域，最大限度地发挥整体教育功能。

首先，依据不同活动区的功能和特点，选择适宜的空间、场地。活动区域主要分为活动性和安静性两类。有的区域活动性强，有的区域安静性强，为避免区域间的相互影响，要在空间上把动静区域分割开。例如，表演区、角色区这些活动性较强的区域要与图书区、益智区等安静区分开。

其次，依据幼儿活动中的需要确定区域位置。在区域活动中，幼儿会有许多需要：例如，用水的需要、活动中场地的需要、活动后展示作品的需要、自主取放材料的需要、收拾整理的需要等。对于需要用水的区域，如科学区、美工区，要选择靠近水源的位置设置；对于建筑区、表演区、角色区这些活动性较强的区域，就要留有活动或操作的空间；建筑区、美工区等还需要有摆放材料和展示幼儿作品的空间，这些区域材料不易搬动，适宜设置在角落里，场地要宽敞，幼儿活动的场地与材料摆放的场地要留有通道，方便幼儿取放；科学区、美工区、阅读区等区域活动需要用眼观察，对于光线的要求较高，要设置在光线充足的位置；等等。

再次，考虑区域间幼儿的互动，使易发生交往的区域相邻近。在区域活动中，幼儿是积极的参与者，不同区域的幼儿往往会进行积极的互动，教师要支持幼儿的这种需要，促进区域之间幼儿交往。例如，表演区需要道具、建筑区需要辅材就可以到美工区去制作，或请美工区的小朋友帮忙制作，这就需要教师在空间设置上给幼儿提供便利。

三、动态性原则

动态性原则即指每个区域的设置不是一成不变的，教师要根据本学期的教育重点、幼儿兴趣、主题变化、季节特点等，灵活增加新的区域或调整区域，以拓展幼儿的新经验。具体归纳为以下几点：

1. 依据班级近期教育重点调整区域的设置。即根据教育目标的需要调整区域，例如，近期大班的主题是“走进小学”，班中就可有“学做合格小学生”的可操作性区域，幼儿可在区域中练习收拾整理书包、使用削铅笔器、系红领巾等。

2. 依据幼儿的游戏需要调整区域的设置。即教师要根据幼儿活动中实际的需要或兴趣做出价值判断，灵活地调整区域设置。例如，中班幼儿在娃娃家的游戏中对扮演医生产生浓厚的兴趣，经常玩给娃娃看病的内容，教师就可考虑增设医院这一角色区，从而促进娃娃家内幼儿的交往。

3. 依据主题变化调整区域的设置。由于不同主题的核心目标侧重于不同的领域，因此有些区域在某一主题中是重点开设的，而在下一个主题中可能是次要的，也可以根据主题的需要增加或减少区域。例如，“多彩的世界”主题中，美工区的设置是重点，而在“光与影”的主题中，科学探索区就是需要重点设置的区域。

4. 依据季节、节日的变化调整区域的设置。即利用身边的自然环境、社会环境的影响，选择有价值的活动内容进行区域设置。例如，自然角可以随季节的变化调整饲养的动物及种植的植物；在表演区内，可以进行庆祝六一儿童节前的预演排练；新年到了，美工区可以变为新年工作室，让幼儿共同参与班级环境创设。

值得注意的是，一段时间内区域的设置要相对稳定，方便幼儿进行区域选择；增加区域时要循序渐进，不可一次性增加较多区域；区域内容的调整变化需要师幼共同参与来完成。

第二节　区域材料投放的原则及策略

对于幼儿来说，材料是引发他们主动建构对周围世界认识的中介和桥梁；对教师来说，材料是教育目标和教育内容的物化，教师可以通过准备好的材料，对幼儿实施间接的、隐性的指导。那么，提供什么样的材料才能更好地促进幼儿的发展？教师又应如何指导幼儿操作材料？研究区域材料投放的原则及策略具有重大的意义。

一、全面认识材料

（一）材料的功能

研究材料的功能可以使教师更清楚各个材料的不同作用，从而更有针对性地投放材料，具体可以考虑以下三方面内容。

1. 主体材料：主体材料即幼儿进行某种活动时所需要的主要材料，它们对幼儿实现其想法起着决定性作用。

2. 辅助材料：辅助材料可以帮助幼儿更好地实现其想法，使其活动的结果更加完整、丰富、精细。

3. 工具：幼儿操作材料的各种探究活动都离不开相应的工具，为幼儿提供适宜的工具能使他们的活动更加顺利。

（二）材料的性质

1. 成品材料：成品材料是教师为幼儿准备的现成的材料，不需幼儿进行再加工就可直接使用。如，娃娃家的各种毛绒玩具、电话、水具，科学探索区的万花筒和放大镜等。

2. 自然材料：自然材料也称原始材料，有线绳类、布类、小棍类、塑料制品类等。这些材料可以有多种用途和多种组合的可能，有利于幼儿的想象和创作。

3. 半成品材料：半成品材料是教师有意识地将材料加工成半成品，来有效地支持幼儿表达、表现和创造。半成品材料的投放降低了幼儿加工的难度，有助于引导幼儿通过自己的努力完成创作或探究任务，并获得成功，增加活动的信心。例如，小班泥工区为幼儿提供可插接的耳朵、翅膀等，幼儿可以团圆球再插上耳朵就变成小兔，搓条再插上翅膀就变成蝴蝶。

（三）材料的外部特征

每份材料都有颜色、形状、大小、软硬等外部特征，材料的外部特征影响幼儿对材料的选择、探索以及操作的兴趣。例如，新入园的托班幼儿，喜欢在宠物区玩天线宝宝的毛绒玩具；小班幼儿对“喜羊羊穿门帘”的穿珠材料十分喜欢。

（四）材料的结构

区域材料的结构是指区域材料之间或材料内部各要素之间具有某种关系，幼儿在操作这种材料时，能获得某种发现，建构某种经验，扩展某种认识。我们把材料结构分为高结构材料和低结构材料两种。

高结构材料是指材料有自己的结构，材料各部分之间构成某种关系，幼儿在操作中要遵循一定的规则，从而获得相应的经验。例如，数学区为幼儿提供了摸袋材料，材料由袋子、几何图形卡片、立体几何体组成，幼儿拿出一张几何体的对应图卡，就要摸出一个几何体与其对应摆放，直到按卡片提示摸完所有几何体。由此可以看出，幼儿的操作不是随意的，应是按图形卡的提示进行操作，几何图形卡与几何体之间形成了特定的关系。这样的材料就是高结构材料。

低结构材料是指体现一定的主题或任务，但幼儿操作灵活性、创造性较强，较少规定玩法与规则。例如，娃娃家的系列厨具，加上教师为幼儿准备的橡皮泥、皱纹纸等自然材料，以及各种成品、半成品食物，构成了娃娃家做饭、吃饭的专题材料，幼儿可以自由选择使用这些材料来表现做饭、吃饭等情节，具体的操作细节并不做规定。再例如，在美工区装饰花瓶的专题中，教师为幼儿提供了各种纸、橡皮泥、线绳等自然材料，幼儿可任意选择其中的材料，创造性地对瓶子进行装饰。这类材料就属于低结构材料。

二、区域材料投放的原则及策略

幼儿与生俱来的好奇心和探究兴趣使他们特别乐于摆弄和操作材料，如何提供材料才能引发幼儿的主动活动，以更好地促进他们的发展呢？在实践的探索中，我们总结出如下原则与策略。

（一）全面性原则

区域材料投放的全面性原则是指一学期区域活动的目标应考虑所实现的各领域目标的全面性，不能单一地强调某一阶段性目标或某一领域目标，从而使整体目标发生缺失。例如，小班的益智区既应有配对、分类、排序的目标，又应有点数及感知形状的目标。语言区、美工区等领域特点明显的区域也应考虑这一原则。

（二）目标性原则

目标性是指教师所提供的材料要物化教育目标，使幼儿在与材料的互动过程中主动获得发展。

1. 研究材料的结构以实现材料对目标的物化。

材料经过结构化之后，幼儿可通过操作来理解其中蕴涵的关系，从而实现教育目标。下面通过案例来说明高结构的材料投放(见案例 1、案例 2)及低结构的材料投放(见案例 3、案例 4)。

案例 1　小猴吃香蕉（大班）

为配合数学教育目标，让幼儿形象地理解数的分解与组成，幼儿园为班级配备了小猴吃香蕉的天平游戏材料。天平中间是一只可爱的小猴子，两只手臂就是天平的平衡杆，另外配有可挂在手臂上的香蕉，香蕉分别是1只、2只、3只……10只。在材料投放之初，我发现孩子们只是试图让天平平衡，在幼儿充分地感知、探索平衡之后，便结合大班数学分解与组成的教育目标，顺应幼儿的兴趣，将这份材料添加了相应的图表（见图1、

图2)。图表中需要孩子记录下有多少种放香蕉的方法，让天平平衡。(天平的一端是10只香蕉不变) 孩子们有了图表之后，游戏的目的性增强了，他们想尽办法自由尝试着如何使天平平衡。他们在天平的一端放上10只香蕉，另一侧则自由尝试组合。如何让两端平衡呢？他们从香蕉中任选一个，另一个则需要幼儿自己从剩下的香蕉中去选择。他们在反复的操作中，探索着10的分解与组成的方法。当孩子们逐渐熟悉了10的分解与组成之后，还可以用这种方法练习11、12等的分解与组成。

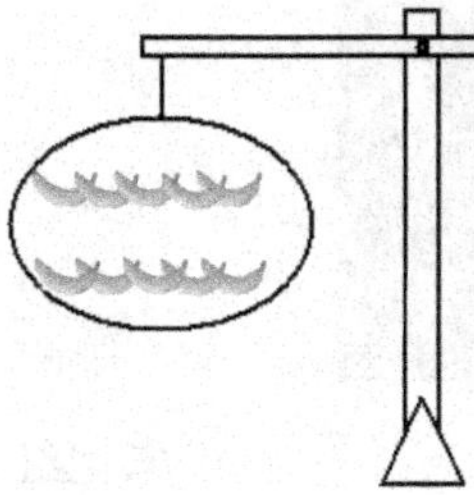

图1

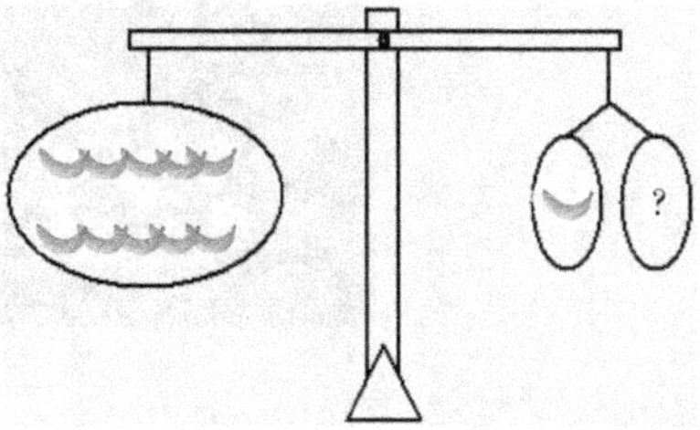

图2

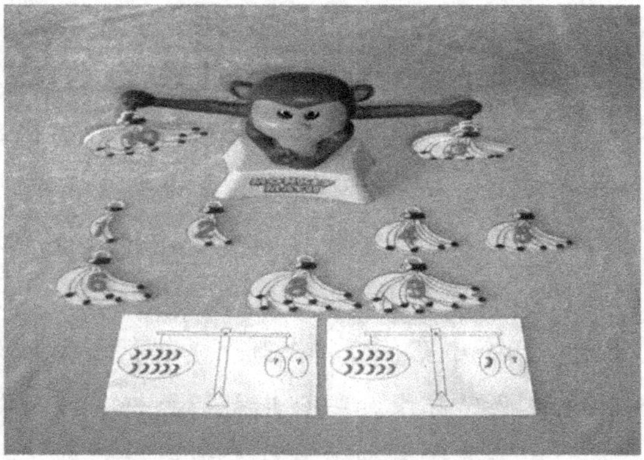

(朱艳红)

案例2　神秘摸袋（小班）

在秋天的主题活动中，为了巩固幼儿对水果外形的认识和发展幼儿的触觉，我们投放了神秘摸袋。为了让幼儿在活动当中具有明确的目的性与指向性，我们选择了几种常见的水果，并配有每个水果的相应图片。孩子在玩的过程中，可以把图片一一摆好，然后按照图片的顺序一一对应着摸出水果。也可以两个小朋友合作进行游戏，一个人拿出图片说出水果的名称，但不让对方看，另一名幼儿则按着同伴说的水果名称去摸，摸后两人进行比对。幼儿在玩中兴趣较浓。

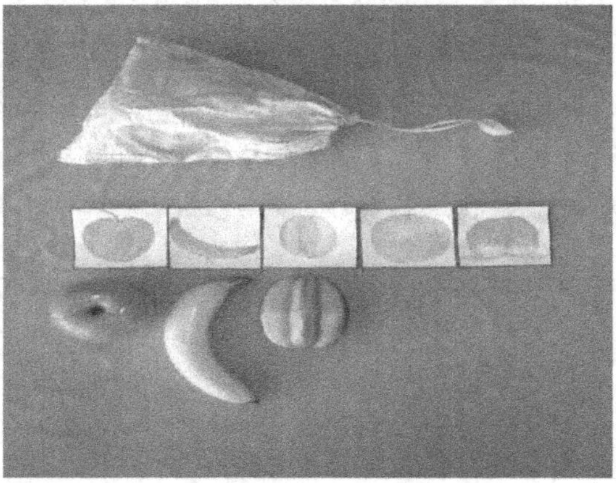

（朱艳红）

案例3　做大树（中班）

在美工区，我们提供了各种纸张、绘画工具以及收集上来的废旧物品，如纸筒、瓶子、小盒子、小棍、果壳等。这些材料是为了支持孩子们各种有创意的制作而投放的。今天，建筑区的两个小朋友需要一棵广场上的大树，他们决定自己动手做一棵，我问："你们想要什么样的树呢?""大一点的。""能直接摆在地上的。""你们想用什么来做呢?""用纸画下来就行了。"宁宁说。于是，两个小家伙直接来到了美工区，画起大树来。他们找来纸、水彩笔和油画棒画了起来，一会儿大树画好了，两个人用剪刀沿轮廓线剪了下来。他们举着大树走到建筑区，把大树摆到了地面上，发现大树立不起来，两个人不知道怎么办好了。我走过去，建议道："你们再去找找别的什么东西，看看怎样能让大树立起来。"两个人在美工区的废旧物品箱里找呀找，洋洋找到了卫生纸筒："这个挺像树干的。"宁宁则选了一个露露罐，他们用胶棒把画好的图案粘在了上面。做好后，两人都在桌子上试了试，宁宁的很快就摆好了，而洋洋的比较费劲，刚摆好就又倒了，摆了几次都不行。我问："为什么总倒呢?"他摇了摇头。我继续问："纸筒和露露罐有什么不同呢?"洋洋提起来试了试："我这个太轻了。"在我的引导下，洋洋在纸筒里加入了一块石头，大树就立起来了。在评价的时候，我特别表扬了他们动脑筋自己解决问题的行为。在这个过程中，孩子们使用到美工区中的一些材料，如纸张、水彩笔、纸筒、露露罐等，这些材料之间原本没有什么联系，属于低结构的材料，但是孩子们根据制作大树的需要，发挥想象力与创造力，可以自己动手将材料之间建立起联系来。

（梁海谊）

案例 4　漂亮的房子（大班）

在美工区我们投放了彩色复印纸、包装纸、即时贴等各种纸张，水彩笔、荧光笔、毛笔、彩色铅笔等各种笔，还有大大小小的纸盒、纸箱等。大班幼儿十分喜欢这些可创造性的材料，每天不停地制作着、创造着。今天，表演区的幼儿正在排练《狼和小羊》，但气氛十分冷清。萱萱很不高兴地对我说："老师，我们不想排练了。""为什么呀？"我问。"尚仪说小羊没有小房子，表演起来没意思。""老师，要是有一所小房子放在舞台的中间就好了。"孩子们七嘴八舌地议论起来。听了孩子们的话，我问："咱们能不能自己做一个小房子呢？"一向爱出主意的尚仪大声说："行，我去美工区找材料。"她选了一个最大的纸箱，拿到表演区。大家看了都说："不行，太小，太小了。""用我家新买的洗衣机箱子做房子吧。"天天着急地说，大家一致认为这是个好主意。第二天一大早，天天就让爸爸用家里的汽车把大纸箱运到了幼儿园。怎样把纸箱变成漂亮的小房子呢？孩子们一致同意到美工区装饰一下小房子。他们商量要给小房子开个大门，还要有窗户，方便小羊钻进钻出。我问："用什么来装饰门和窗呢？"孩子们各抒己见："用包装纸吧。""不行，用即时贴，即时贴好粘，包装纸不好粘。"天天和家艺还用彩色纸剪了窗花贴在了窗户上，大家都说真漂亮。用什么材料装饰房顶和墙壁呢？孩子们开始选择自己喜欢的各色颜料进行装饰。叮当用白色的水粉来粉刷墙壁，欣欣用红色的广告色来涂房顶，最后，大家一起用粗粗的记号笔在白墙上画好砖形，这样一座漂亮的小房子完成了。通过自己动手，在多种材料的支持下，孩子们丰富了表演道具，发展了艺术表现能力。

（谢金香）

2. 研究材料的层次，支持幼儿的发展。

主要包括以下两方面的含义：首先，针对具体教育目标而言，由于幼儿发展水平存在明显的个体差异，应通过提供不同难易程度的材料来体现材料的层次性，从而支持不同水平的幼儿获得成功（见案例 5）。其次，对于某一阶段性目标而言，不可能通过一种材料就能够实现幼儿的发展，教师要通过分解目标，设计相应的系列化材料，从材料投放的先后顺序上体现目标的层次性（见案例6、案例7）。

案例5　美丽的鱼（小班）

我在美工区专题绘画“美丽的鱼”中，根据幼儿的能力水平，提供了如下材料。

1. 不同层次的小鱼画纸：完整鱼的画纸、半条鱼的画纸和没有图案的白纸。完整鱼的画纸，是为那些处于初步涂鸦阶段的幼儿准备的，幼儿在图画空白处自由涂抹就可完成作品；半条鱼的小鱼画纸是为能力较强的幼儿准备的，他们在半条鱼的画纸上添上一笔或两笔，就可以画出一条小鱼，并可涂上自己喜欢的颜色；没有图案的白纸是为那些能力最强的幼儿准备的，这些幼儿已有了涂色和运用简单线条绘画小鱼的基础，在此基础上给他们增加一些难度，在白纸上可根据自己的想象、喜好来自由绘画小鱼，自由添加鱼的花纹，表达自己情感。

2. 提供的工具体现层次性。我提供了油画棒、海绵笔、水彩笔、棉签、银光笔和水粉笔等。油画棒、海绵笔是最容易使用的，适合于那些动手能力差的幼儿，由于他们小肌肉不灵活，较大的笔不需要精细的手部动作，较适合他们；水彩笔棉签适合能力中等的幼儿，这部分幼儿控制笔的动作灵活，但不能很好地表现细节；银光笔和水粉笔相对难一点，适合于那些动手能力很强的幼儿，可以满足他们表达细节的需求，选择细和软的银光笔、水粉笔对这些幼儿会有很强的挑战性。

通过有层次地投放材料，幼儿就可以自由选择适合自己的工具来绘画小鱼、给小鱼涂上自己喜欢的颜色、添画出自己喜欢的花纹来，既激发了不同幼儿的兴趣，同时也使他们获得成功的快乐。

（柴红梅）

案例6　缝缝乐（大班）

在主题活动“惊奇一线”的探索过程中，刘昊东的妈妈给小朋友带来了绣花鞋、挂帘、绣花枕头等，并当众给大家表演了刺绣。看着孩子们好奇的眼神，我知道他们很喜欢这些活动，于是我们一起在活动区“巧巧手”投放了大小不一的针、颜色各异的线，以及硬纸、油面纸、塑料网、布、绷子等各类材料，孩子们的兴趣可高了。他们争着到这里来玩，可是没过一会儿，蔡铮就愁眉苦脸地说：“怎么缝啊，太难了。”昊昊和乐乐在塑料网上随意穿线，可穿了一会儿，就绕成了一个大疙瘩，急得找我帮忙。杨朔和胡桐嘉总是追着我问：“老师，怎么才能连上?”“老师，扎在哪儿才对呀?”许仟、王梦菲等几个女孩正在尝试使用绷子，好不容易才将布固定好，她们歪着脑袋，紧捏着针，在皱皱巴巴的布上穿来穿去，但只能缝直线，不会拐弯……看来幼儿有了操作的愿望，但缺乏相应的技能。我想，缝的技能是否可以通过分解难度，提供不同材料来使幼儿逐步掌握呢？于是我根据缝的难度水平逐层调整了材料。

第一层材料：投放带孔的硬纸，有直线孔、曲线孔、折线孔等，幼儿可以通过有顺序地依次穿过这些小孔，练习缝的基本动作和方法。

第二层材料：投放画有小花、房子等简单图案的塑料网和穿好毛线的特大号针，幼儿可以在塑料网上缝制简单的图案，增加缝的目的性和兴趣。

第三层材料：投放绷好的布和画有不同图案的布，幼儿可以练习用布缝制简单的图案。

第四层材料：投放绷好的白布，幼儿自己设计图案、自己选择线的颜色来缝制图案，可用于班里娃娃家电话、电视的盖布。

按上述顺序，我分阶段投放了材料，每一阶段幼儿都能通过努力获得成功，并不断向下一阶段目标挑战，在缝制的过程中获得了乐趣。

（王永涛）

案例7　画脸谱（大班）

一个小朋友带来一个塑料的京剧脸谱，孩子们对脸谱的纹样、颜色的搭配非常感兴趣，根据孩子的兴趣和原有的自画像经验，我们开展了画脸谱的专题活动。在引导孩子欣赏京剧中不同的人物形象，并对脸谱的图案进行观察的基础上，我分阶段有重点地投放了材料。

首先，提供了京剧脸谱的半张脸的图谱，请孩子运用对称的手法来画京剧脸谱，使幼儿对于京剧脸谱的构图、脸部线条划分以及颜色的深浅和谐搭配有了感性经验。

其次，为幼儿只提供脸部轮廓图，请幼儿根据自己的喜好自行设计自己喜欢的脸谱线条，然后填充上和谐的颜色。

最后，鼓励幼儿按意愿用线条或橡皮泥有创意地装饰脸谱。

通过这一系列的活动，孩子们绘画面部细节的技能和观察能力都有了明显的提高，并且主动尝试了用各种艺术表现的方式进行创作，活动的主动性增强了。

（刘光瑾）

3. 研究材料呈现的方式，使幼儿积极与材料互动。

投放的材料是否就一定能吸引幼儿积极操作探究呢？是否能让幼儿通过操作发现事物间的各种关系呢？在这里，材料的呈现方式起着重要的作用。归纳起来，材料主要有以下两种呈现方式。

（1）情景式呈现。即依据幼儿具体形象化的思维特点与泛灵化的心理特点，材料以拟人化的方式进行投放，以提高幼儿操作的兴趣（见案例 8）。

（2）问题、任务式呈现。即将操作材料直接指向一个问题或任务，通过激发幼儿的探究，实现教育目标（见案例 9）。

案例 8　小蜗牛（小班）

雨后，孩子们在墙上、树上、草地里、石头上找到了许多小蜗牛，他们谈着、说着、比着，在制作小蜗牛的泥工活动中，孩子们的兴趣很浓，于是，我把活动延伸到区域活动中。在美工区，我利用大月饼盒制作了一个带有情境的背景，上面有用绿色皱纹纸碎屑做的草地、不干泥捏的草与大朵的花、孩子们捡来的石头以及用纸板制作的大树，还有我们精心制作的摆放在各处的小蜗牛等。材料一投放好就吸引了孩子们的目光，“这树上有一只小蜗牛。”“石头上有一只大的。”“花上还趴着一只呢。”……他们看着、指着、讨论着。一个孩子兴奋地说：“我也要做一只蜗牛，让它爬到树上去。”另一个孩子也说：“我做一只，让它做大蜗牛的孩子。”……孩子们说着就做了起来，陶醉在制作蜗牛的过程中。通过背景情境的设置，孩子们在自然的情景中自主操作起来，在捏蜗牛的过程中，逐步巩固了搓、卷的捏泥技巧。

（朱艳红）

案例 9　哪种磁铁磁力大（大班）

科学区投放的几块磁铁，引发了孩子们的讨论，涵涵说："这个大环形的磁铁磁力大，它的个儿大吸的东西一定多。"松松说："我玩这个 U 形的磁铁时，它的旁边都能吸好多别针呢!"他们的讨论引发了我的思考，看来孩子们已经由磁铁能吸哪些东西转向对磁力大小的探究了。为了满足幼儿的需要，除了原有的环形磁铁、条形磁铁和 U 形磁铁之外，我们还收集投放了卵球体和长方体的磁铁，我先请幼儿猜一猜：哪种磁铁磁力大？孩子们看到各种各样的磁铁，大胆地根据自己的已有经验进行着猜想，并迫不及待地想验证自己的猜想，于是，我便和幼儿讨论用什么方法可以验证磁力的大小。经过讨论，孩子们认为：看谁吸得别针多，谁的磁力就大。有了方法之后，我又问："有 5 种磁铁，每种磁铁吸的数量你们记得清楚吗?忘记了怎么办?"孩子的主意还真多："把磁铁的样子画下来，吸完别针记上数量不就行了吗!"这个主意得到了全班幼儿的认可。于是我们便按孩子的想法投放了记录纸（如图），以支持幼儿的探究顺利进行。

哪种磁铁磁力大

姓名：__________　　　　时间：______年____月____日

磁铁	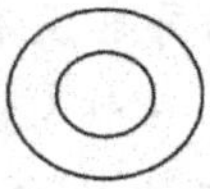				
吸的数量					
排名					

（朱艳红）

（三）动态性原则

动态性原则即指教师通过观察幼儿与材料的互动情况来调整材料，以适合幼儿园的年龄特点，满足幼儿的需要、兴趣及发展水平。

1. 依据幼儿与材料互动的情况调整材料。

在材料投放的过程中，教师往往会遇到这样的问题：所准备的材料幼儿不感兴趣，或无聊地摆弄着材料，或频繁地更换材料；没有按材料暗示的玩法操作，而是自行改变玩法；操作过程中遇到困难，无法进行下去；等等。应如何解决这些问题呢？教师要在观察幼儿与材料互动的基础上，分析材料，分析幼儿，从而调整材料，满足幼儿的需要，具体有以下几种做法。

（1）依据幼儿与材料互动的情况，调整材料的结构性（见案例 10、案例 11）。

（2）依据幼儿的发展水平调整材料（见案例 12）。

（3）顺应幼儿的兴趣调整材料（见案例 13）。

案例 10　钟表游戏（大班）

在数学区我们投放了认识钟表的操作材料，目的是让孩子练习、巩固认识时间。我们投放了一块可以拨动的指针钟表、一本可以翻阅的作业小书，在上面写上了时间，3：00、5：00、4：30、8：30。通过观察发现，孩子们的兴趣很高，他们两两一组，玩得很投入。但问题也随之而来："老师，您看××做得对吗?""老师××做得不对，我说他还不信，也不改。"……是呀，孩子们有的还不能准确地判断同伴做得是否正确，有的孩子知道同伴做错了，可是同伴却不相信自己，使得游戏很难顺利进行。如何使幼儿在操作后知道自己做得对与错呢?

我们调整了操作材料，在自制作业小书的时间背面，添加了与时间对应的时钟指针。有了钟表的正确提示，孩子们再也没有因为争执来找老师，现在他们可以自己结伴，一个人说时间，一个人操作指针，摆好指针后，说时间的幼儿对照时间背面的正确提示来检查同伴的对与错。这一次，孩子们玩得兴趣更浓了。

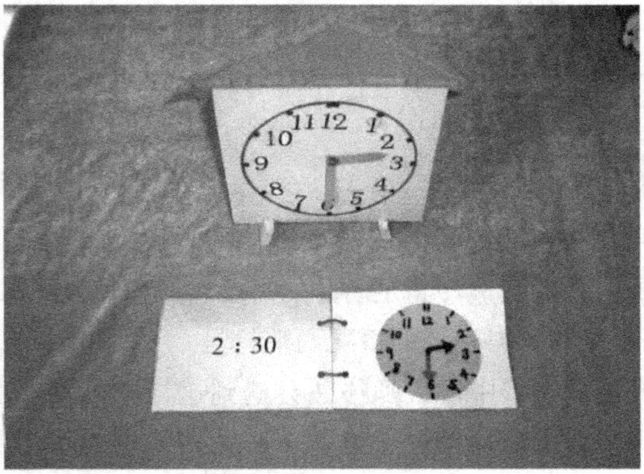

（朱艳红）

案例11　给娃娃排序（中班）

在益智区，我自制了一组小泥娃娃，从大到小一共7个，幼儿可以按娃娃身体的粗细给娃娃排队，当排好顺序后，娃娃也自然呈现出从矮到高的顺序排列。

起先，幼儿对材料很感兴趣，但随着幼儿对材料的熟悉，幼儿呈现出了两种水平，一些幼儿排序时，常常将相邻的两个小人摆错位置，而且不能自己发现错误；另一部分幼儿很快就能摆好，材料失去挑战性。

看到这种情况，我觉得对于能力弱的幼儿可以通过提供暗示性的材料支持幼儿排序，对于能力强的幼儿应该提供有挑战性的材料，使幼儿在原有水平上提高。于是，我又设计了一组情境性材料，有7个高矮不同的杯子，7个大小不同的盘子，7个长短不同的勺子，能力强的幼儿可以玩招待小客人的游戏。在游戏情境中通过对应泥娃娃摆放杯子、盘子、勺子来练习按大小、粗细、长短排序；通过提供与娃娃身体圆形底座相对应的圆形小凳子，支持能力弱的幼儿给娃娃排序，如果幼儿排错了，身体的圆形底座与圆形小凳子就不能重叠，从而起到了很好地提示幼儿自我更正的作用。投放后，幼儿更加感兴趣，孩子们亲切地为这组材料取名为"聚餐"。在操作的情境中不同幼儿都获得了成功与满足。

（张金玉）

案例12　有花纹的鱼（小班）

这段时间孩子们经常用橡皮泥搓成长条或揉成小球当鱼鳞，装饰在塑封好的小鱼身上，可是时间一长，孩子们操作橡皮泥的兴趣渐渐减弱了。怎样激发他们的兴趣并给他们一些挑战呢？正当我思索的时候，潘子晨走过来说："老师，我想把这个泥做鱼的身体。"他拿着压成扁圆片的橡皮泥说。"挺好啊。"我回答。"可是这样的鱼不漂亮，我想做它身上的花纹。"我看了一下作品，知道他不满意的原因：他做的鱼身体小了点，搓的长条花纹也比较粗，显得不好看。于是我对他说："你是不是说你做的花纹太大了不漂亮，那么你试试再做小一点。"他回到座位上，把鱼身上的点和花纹揭了下来，又一个一个地将其变小、变细，又重新贴在鱼的身上。但是因为他的手部动作还不能表现细腻的花纹，做好后他总是觉得不满意，就把所有的泥揉在一起，想离开。我想，小班幼儿小肌肉不灵活，完成精细动作还有困难，作为教师要提供支持，满足幼儿的愿望。于是，我马上找了一些笔帽、吸管等可以压花的材料。我走过去对他说："你看看这些材料能不能帮你的忙呢？"他看了看，尝试着用水彩笔的笔帽在压扁的泥上一按，咦，出现了一朵小花。"真漂亮！老师你看。"他高兴地对我说。这时旁边的赵心禾也发现了，她也尝试着用笔帽压一下，高兴地举着让其他小朋友看："小花，好看吗？"大勇、烨烨也纷纷加入，孩子们还发现用笔帽、吸管、开心果壳也能压出小鱼身上的花纹，当他们看到自己的作品呈现出漂亮的效果时，无不感到新奇和有趣。从那儿以后，橡皮泥和废旧物品等材料又重新燃起了幼儿制作小鱼的兴趣。

（柴红梅）

案例 13　会变身的芭比娃娃（大班）

我们班的美工区正在开展剪纸活动，孩子们剪得是连着翅膀的小蝴蝶、连着叶子的小花等。而阳阳却在一张彩色的纸上画芭比娃娃。我问她："阳阳，你在画什么？""我昨天看芭比公主的书了，我想画一个漂亮的丽娜公主。"说完又低下头认真地画起来。这时旁边的涵涵也说："我也喜欢芭比公主，我也画。"两个孩子的谈话引来了旁边几个剪纸的孩子。阳阳边画边说："我画的丽娜裙子特别漂亮，有许多小花。"涵涵说："应该还有曲线的花边呢！"我说："如果用连续剪的方法设计花边会更漂亮吧？"说着，我把连续剪的小蝴蝶图案在芭比娃娃的裙子上比画着。阳阳说："对，还可以用连续剪的方法，用小花装饰呢！"月月说："对，还可以多粘几层，芭比娃娃的裙子就是那样的，可漂亮了。"我说："那你们就用你们的方法试试吧！"

经过剪、粘贴，孩子们发现大家都用这几种图案制作了芭比娃娃的裙子，做得虽然很漂亮，但都一样就没意思了。有的说："我们应该设计各种不一样的花边，会更漂亮。"有的说："要是剪一些镂空的图案就更好了。"……阳阳说："明天我把我的芭比书带来！"我及时抓住这个契机，请孩子们观察还有哪几种剪纸图案可以装饰芭比的裙子，孩子们高兴地讨论着、比较着，剪纸的兴趣被激发起来。随后，芭比娃娃裙子的大图片也投放进来，孩子们用剪纸的方法装饰起了芭比娃娃的裙子。

（孙淑芝）

2. 依据幼儿活动中的需要增添材料。

在区域活动中，幼儿往往不满足现有的材料，他们的想象和创造会使他们有许多新的需要。因此教师要敏感地发现孩子的需要，适时增添材料，以支持幼儿（见案例14）。

案例14　做糖果（小班）

今天铭铭和洋洋都在娃娃家里玩着游戏，洋洋抱着娃娃，铭铭用小勺子在喂娃娃吃药。洋洋说："药太苦了，给她点糖吃吧。"铭铭找了找说："哪有糖啊?""用这个当糖吧。"铭铭找来一个球形的海绵，"这个不行!"洋洋撅着嘴说。"那怎么办啊?"她们求助于我。我问："你们需要什么样的糖呢?"铭铭说："有糖纸的!"我说："哦，你们是不是要外面包着糖纸，里面包着糖块的糖啊?""对，就是这个。"洋洋马上说。"咱们班有吗? 你们去美工区找找看吧。"她俩找了半天没有找到理想的东西，于是我和孩子们商量一起来收集糖纸制作糖果。

第二天，很多孩子都带来了包糖果用的糖纸。"糖纸找到了，用什么来做糖呢?"我把问题直接抛给了他们。孩子们有的说用橡皮泥，有的说用棉花，有的说用石头，我让大家亲自尝试了一下。通过尝试，他们告诉我："棉花不太好包!""石头很重而且容易扎破纸。"……最后大家都觉得橡皮泥比较好用。一会儿孩子们的糖果就做成了，他们把做好的糖果放在娃娃家里。娃娃可以吃到糖了，而且孩子们还学会了用糖果来招待客人呢。

（梁海谊）

3. 依据幼儿新经验的建立增添材料。

幼儿每天都会有新的经验产生，如搭建、买卖、烹饪等，他们往往会将自己的新经验带到不同的区域游戏中。在新经验的需求下，教师需要增添新的材料来满足幼儿的游戏水平（见案例15、案例16）。

案例15　过生日（小班）

这段时间，在娃娃家中总能够听到孩子们关于过生日的交谈。李新博说："我过生日的时候，大姨给我买了生日蛋糕。"刘子辰说："我舅爷还送我玩具了呢!""那我们也给娃娃过生日吧!"俩人开始给娃娃唱起了生日歌，由于声音过大吸引了隔壁区域的幼儿也参与了活动。在活动结束后我和孩子们进行了一次谈话，在谈话中我发现：孩子之所以对过生日那么感兴趣，原因在于他们近期都刚刚经历了一次过生日，对过生日的情景印象比较深刻。看到孩子们对过生日这么感兴趣，我想为何不通过幼儿的兴趣点来引发幼儿在娃娃家玩过生日的专题呢！

于是我和孩子们一起谈论起了过生日都需要哪些材料，仉添琦说："要蛋糕、生日帽。"王冠菲："还有蜡烛和礼物。"我将讨论的结果记录了下来，接着问孩子："这些材料怎么准备呢?"孩子们迟疑了一会儿，少博说："我过生日的时候有生日帽，明天我拿来。"刘鸣悦说："我家还有蛋糕盒，我也拿来。"侯宇萱说："蛋糕盒里没有蛋糕怎么过生日?"画画好的黄滢睿马上回答道："我在纸上画一个蛋糕，然后粘在蛋糕盒上不就行了嘛！对了，我们还可以让美工区的小朋友做一些纸花粘在上面就更好看啦。"第二天孩子们纷纷从家里带来了生日帽、蛋糕盒，还有各种小礼物。在开区前我问孩子们："我们今天带来了这些东西，应该怎么用?"侯宇萱说："给娃娃过生日的时候生日蛋糕放在桌子上，然后大家一起吹蜡烛。"张少博说："到娃娃家串门的时候可以拿着小礼物，送给娃娃。"马烁说："把生日帽戴在娃娃的头上。""好吧，那看看今天谁能给娃娃过一个快乐的生日。"话音刚落，孩子们便迫不及待地进入了活动区。

一天，在娃娃家游戏的刘珺向我抱怨："老师，我想给娃娃洗洗脸，可是没有洗脸盆和毛巾，您能帮我找一个吗?"我问她为什么要给娃娃洗脸。她说要打扮干净，换上新衣才能过生日。于是我给幼儿提供了小盆和毛巾。过了几天，于也博对我说："老师，我想给娃娃照相。""为什么呢?""因为昨天我过生日的时候，妈妈带我到满堂红照相馆去照相了。"孩子已经能够运用生活中的经历和经验进行游戏了，真替他们感到高兴。随着幼儿需求的增加，我又和幼儿一起收集、投放了许多的材料，如电话、红包、相机……使娃娃家的生日活动逐渐丰富起来。

（袁慧颖）

案例16　娃娃买菜（中班）

通过一段时间对娃娃家的观察，我发现孩子们的游戏主题除了做饭、照顾娃娃、招待客人外，又增加了买菜的小情节。今天，天天和朵朵两个小朋友来到娃娃家发起了买菜的小游戏。天天拿起了锅对当"妈妈"

的朵朵说："我来给你们做饭吧，先炒个鸡蛋西红柿。"说着就忙着选择需要的材料。"哎？怎么没有西红柿？"在一旁的朵朵赶快说："那我就去买点菜吧。"说着拎起背包就去买菜了。由于事先没有和幼儿准备相应的游戏材料，所以每当幼儿发起游戏，他们不是假装到外面走一圈，就是不了了之。我想随着幼儿生活经验的不断丰富，表现的主题也逐渐丰富，教师应适时提供材料，支持幼儿游戏情节的拓展。

于是，我与幼儿共同商量："买菜都需要什么？"天天说："当然需要菜了。"乐乐说："还需要钱。""我知道，还需要称菜用的那种东西（称）。"澈澈说。奇奇又说："还需要购物筐，我和妈妈去买菜都用购物筐装菜。"……"那我们到哪去找这些东西呢？"孩子们纷纷献策："咱们可以做一些。""我家的芭比娃娃里就有蔬菜，我可以带来。"……经过共同筹备蔬菜专题材料，娃娃家的爸爸妈妈可以高高兴兴地去买菜了。

（纪雨梅）

4. 依据季节变化调整材料。季节的特征与变化中蕴涵着丰富的教育价值，教师要充分利用身边的教育资源，通过材料的投放，让幼儿感受季节的特征，渗透多方面的教育目标（见案例16）。

案例16　叶子红了（小班）

自然角摆放了许多水果、干果和各种种子，如苹果、橘子、核桃、栗子组合、带秧的棉花、花生、黄豆等，孩子们经常来到这里看自己的水果娃娃和各种种子。可是，水果娃娃却随着时间的推移慢慢坏掉了。而此时，幼儿园的柿子树叶却慢慢地变红。每当走到这里，孩子们总会捡起叶子，顶在头上当小伞，或是拿在手里当小扇子，真是爱不释手。我也经常会将孩子们捡到的树叶汇集在一起撒落在孩子们的头上，孩子们非常喜欢，而且会问："老师，树叶怎么变红了？""老师，这是什么树叶呀？"看到孩子如此感兴趣，我觉得在自然角里可以开展对树叶的辨认与观察活动。于是我们便和幼儿及家长一起收集了各种各样的树叶，在自然角进行展示，供幼儿比较树叶的大小、形状、颜色，感知树叶的质地等，同时发动家长和孩子利用亲子形式制作多种树叶画。从此，自然角的主题便由果实转换成了叶子。由于叶子的主题中有幼儿采集的树叶、有幼儿制作的树叶画，幼儿的兴趣很高。

（朱艳红）

5. 依据区域专题的变化来调整材料。区域专题变化是指由于教师预设的阶段性教育目标或由孩子需要、兴趣生成的教育目标的调整，区域中的材料也相应做出调整。

(四) 适宜性原则

适宜性原则是指材料的外部特征要与幼儿的年龄特点、思维特征、发展水平相适宜。小班幼儿对情感的需要较强烈，以具体形象思维为主，注意力易受刺激物特征的影响，有泛灵性心理特点，小肌肉的发展尚不协调，所投放的材料应大而鲜艳，形象逼真。所以，手感柔软，立体性强，成品、半成品的材料较适宜这一阶段幼儿。此外，材料还应具有游戏性、情景性、可操作性等特点。中大班幼儿随着年龄的增长，思维逐步从具体形象性向抽象逻辑性过渡，喜欢任务、挑战与竞争，规则意识逐步增强，交往能力也逐步发展了起来，所提供的材料可具有情景性、挑战性，应适于竞争，有一定的规则。适当的符号和文字使用也适合这一阶段的幼儿。此外，废旧物、半成品及自然材料的投放对幼儿自由创意表达有很好的支持作用（见案例 17）。

案例 17　我们更像爸爸妈妈（小班）

“娃娃家”这个角色游戏已经开展两个星期了，但孩子们的角色意识还不强，他们不知道自己在扮演谁，是妈妈、是爸爸、还是客人？他们虽然戴着不同的标志牌，但却同时去做妈妈做的事情，有时候客人来了，又都去招待客人。看来，我投放的画有爸爸、妈妈、孩子的角色标志的胸卡起的作用很小。为了增强幼儿的角色意识，使游戏中有一些情节及角色间的联系，我根据幼儿思维具体形象性的特点，投放了贴近角色的道具服装——围裙、罩衣、领带、眼镜、书包、手机、假发等。

自选的活动区游戏一开始，李丙林、马艺铭、潘子晨三人很快地选择了娃娃家。马艺铭戴上了假发又拿起了小围裙，走到我跟前：“柴老师，请您帮我系上，我想当妈妈。”而李丙林戴上了领带和眼镜当起了爸爸，潘子晨拿起了手机和书包，说：“我想当客人。”边说边敲起了门：“当当当，我是客人，我想去你家做客。”“你是谁呀？”李丙林像模像样地问。“我是潘子晨，想看看宝宝。”潘子晨也很高兴地回答着。而当妈妈的马艺铭听到有客人来了，就说：“我去给客人做饭。”说完就去厨房准备饭菜了。娃娃家中，妈妈非常认真地做饭，爸爸和客人边在桌子旁边聊天，边津津有味地吃着饭，还不时地去厨房帮妈妈端端饭菜呢。娃娃家的这些服装道具，使他们很快地进入角色。

（柴红梅）

（五）因地制宜性原则

因地制宜性原则是指材料的投放可考虑本地的自然环境优势，寻找易收集，贴近身边生活的自然材料作为幼儿表达、创意的基础，如各种农作物、植物、石头等（见案例18）。此外，一些民间游戏及材料经过精心挑选、加工被引用到区域活动中，也能收到很好的效果。如棋区“鸡毛蒜皮”中所投放的杏核等。

案例18　自制眼镜（大班）

高粱秆可以插接各种创意造型，是适宜大班幼儿的手工制作材料。这天，我带着高粱秆来到美工区，孩子们奇怪地问：“老师，这是什么呀？你拿它做什么？”有的说：“这跟我奶奶家放饺子的盖帘一样。”我说：“老师现在变魔术了，把这一根小棍变成一个小眼镜，你们信不信？”孩子们都摇头，向我投来怀疑的目光。于是，我开始一步一步边讲解边制作，几分钟后，眼镜做好了。孩子们吃惊地说：“老师您太棒了！”并纷纷表示想学习制作一副小眼镜。

看到孩子们兴趣正浓，我神秘地从自己的口袋里取出事先用高粱秆插好的太阳花、小鸡宝宝等让孩子们观察、欣赏。孩子们特别喜欢，把它们拿在手里摆弄着。“老师，这个小鸡的眼睛是怎么插的呀？”“老师，这个小太阳花真漂亮，我想插这个。”看着孩子们这么兴奋，我高兴地和孩子们一起插起来。那一天，美工区的小朋友都戴上了自己制作的小眼镜。在接下来的几天，孩子们又自己设计了许多新的作品。

（孙淑芝）

第三节　区域背景环境的功能与创设

区域背景环境是幼儿园教育环境的重要组成部分，它是师幼之间沟通交流的纽带，也是幼儿表达与经验分享的平台，具有一定的审美功能和教育价值。高质量的区域背景环境能与幼儿较好的互动，促进幼儿在区域活动中自主学习和有效发展。这里所说的区域背景环境包括三方面内容：区域背景墙饰、立体墙面、立体空间吊挂。区域背景环境的功能主要表现在以下几个方面。

一、提示功能

在区域活动中，幼儿常常由于操作程序、方法或行为习惯等的不恰当，而影响游戏的顺利进行。教师可以通过创设墙饰来提示规则、玩法、程序及行为习惯等，这样就能有效通过环境来提示、指导幼儿，促使幼儿的自主学习。

案例1 好玩的五子棋（中班）

五子棋投放在棋区已经有一段时间了，但是许多孩子仍然玩得不熟练，原因是，孩子们虽然对横或竖连成5个棋子很清楚，但是对斜着连成5个棋子的玩法总是找不准位置。许多孩子经常为此而发生争执。今天，博文和齐齐两个小朋友在玩五子棋，只听两个小朋友在大声争吵，博文说："就是我赢了，斜线连成5个棋子也是赢。"齐齐也不甘示弱："你的棋子没有在一条斜线上，这颗子都走歪了。"博文说："没歪，就是一条线。"很快，两个孩子就来到我面前告状。我问孩子们："怎样才能知道5个棋子是不是在一条斜线上呢?"博文说："用眼睛看就知道。"齐齐说："可以用尺子比一比。"我打开了投影仪，请孩子们通过投影仪观察，小雨惊奇地发现："在斜线上的棋子都是在方格的对角上!"我请小雨给大家摆好了连成一条斜线的5个棋子。我又问："怎样才能阻挡斜着的5个棋子连成一条线呢?"齐齐说："应该在斜线的两头挡住，要不别的小朋友就赢了。"为了让其他小朋友也知道这种玩法，我与孩子们商量用画图的形式展示玩法，孩子们画好了示意图张贴在墙壁上。他们忘了怎么连成斜线的时候，就会自己看看图片。

（王志媛）

案例2 修剪枯叶（小班）

宁宁跑来告诉我，她发现自然角的吊兰花上有几片干干的叶子，我便找来剪刀剪了起来，她看着我问："老师，为什么要把它剪下来呢?""这些干干的枯黄叶子不漂亮了。"我回答。"哦!"她在一旁很专注地看着我，我便鼓励她来试一试。"我不敢，那小花会疼吗?"我笑了笑："不会的，这些叶子已经死掉了。来，试一试吧。”她拿着剪刀，还是很迟疑地不敢去剪。“没关系的，从这里剪吧。”我握住她的手，她“咔”的一下，剪掉了第一片叶子。之后，她小心地又剪了几片干叶子。“老师，后面的我够不到了！”我走过去，将花盆转了一下，“再来试试。”一会儿工夫，这盆花的干叶子就都被她剪掉了。这时媛媛也凑过来：“你们在干什么？”“我和老师在剪干叶子呢，特好玩，这些是我剪的，你看！”“我也想剪。”“行，你让宁宁教你吧！”我说。宁宁告诉她剪叶子的方法。两个人便一起忙碌起来，修剪其他花的干叶子。她俩在自然角里修修剪剪，像个园艺师，我把这些用相机拍了下来，把照片贴在了墙上，并配上了修剪枯叶的步骤图，然后鼓励大家一起来照顾植物。此后，孩子们在观察植物时，一旦发现了枯黄的叶子，就会很快地自己去处理了。

（梁海谊）

二、引发功能

引发功能是指区域背景环境呈现给幼儿的方式和特点能激发幼儿观察、讨论、操作探究的兴趣，从而实现幼儿积极主动的活动。

（一）通过展示欣赏类作品来引发幼儿参与活动的兴趣

在幼儿表达创作的过程中，欣赏与观察是重要的环节，它能有效支持幼儿表达、创作。墙饰中欣赏类作品的提供要新奇、形象、生动、具有美感，才能很好地调动幼儿参与活动的积极性。

案例1 制作小鱼（小班）

五一放假回来，孩子们带来他们到海洋馆玩的纪念品，有小鱼的模型、小图片、贴画以及和小鱼照的相片等。于是小鱼就成为他们的热门话题。我何不借此引发孩子们制作鱼、绘画鱼的兴趣呢？我把自己下载的图片和孩子们带来的图片及模型贴在了美工区。

第二天洋洋一到美工区就发现了这些，她吃惊地说：“快来看，好多鱼的图片。”孩子们纷纷围过来看，“这些鱼好漂亮！”“我喜欢彩色的这条鱼。有很多的颜色，像蝴蝶一样！”“快看它的身体像三角形。”“身上的花纹好像地图！”……听着孩子们的议论，我知道孩子们现在对鱼产生了更加浓厚的兴趣，于是我鼓励他们尝试用不同的工具来画小鱼、做小鱼。他们找来了自己喜欢的工具。李欣洋选用水彩笔进行绘画，王奕辉选用水粉来绘画，吴义勇用油画棒画，很快的，一幅幅漂亮的小鱼画出来了，王奕辉抓住了鱼的颜色特征，洋洋抓住了鱼身上的花纹特点，每一幅画面都显得那么生动有趣。而潘子晨选用了橡皮泥，他把橡皮泥搓成长长的条，围成圆圆的鱼，很有创意！美工区的这个墙饰，激发了幼儿观察、欣赏以及用不同方式表现的兴趣和愿望。

（柴红梅）

（二）通过创设可操作性的立体墙饰引发幼儿参与活动的兴趣

可操作性的立体墙饰是指幼儿可以利用墙饰上的材料进行操作，操作的结果一目了然，这种墙饰与幼儿的互动性非常强，可以引发幼儿积极参与。

案例2　拼拼贴贴（小班）

在数学区，有一个“拼拼贴贴”的操作墙饰。起初，孩子们模仿墙面上的范例模仿拼贴，很有兴趣。但慢慢地我发现，孩子们不再满足于按照范例上的图形拼贴了，而是把几种图形自由地在墙面上摆来摆去。今天赵培然将一个大三角形和一个小三角形摆在了一起，对我说：“袁老师，您看我这个像不像小鱼？”一旁的王冠菲也指着一个大圆形说：“我的像太阳吗？”看来，孩子们在熟悉了几种基本的图形组合后，产生了自己拼摆的愿望。何不利用孩子的兴趣点，让孩子们在自由创意中发展对图形的感知呢？于是，我鼓励孩子们自由拼贴。

这天，新博拼贴的小人吸引了许多孩子来观看。黄滢睿说：“嘿！这个小孩可真像！”赵培然指着小孩头上的两个圆形问：“这是什么？”新博连忙解释道：“这是小孩的耳朵，没有耳朵怎么听声音呀！”听着孩子们热烈的讨论，我也情不自禁地加入到了讨论的行列：“新博今天拼得可真好，谁能找出小人的身上都用了哪些形状？”“有一个大圆形是头。”杨宇鸣小声地说。刘明悦说：“这有两个小圆形是小人的耳朵。”刘珺说：“身体是长方形的。”少博说：“还有四个小长方形是胳膊和腿。”……孩子们都很认真地找着里面的各种形状，不知不觉就到了吃午饭的时间。我对孩子们说：“今天新博拼得很棒，我们大家看得也很仔细，我把新博拼的小男孩用相机照下来粘在墙上，以后如果你们也想拼，但不知道怎么拼时，可以来看一看。”

第二天，我便将打印好的图片粘在了墙面上。黄滢睿选择了拼拼贴贴的材料，区域活动刚开始一会她便跑来告诉我：“老师，我今天拼了一个小女孩。”我走过去一看，果然黄滢睿参照昨天新博的拼法拼出了一个小人，不过她在小人的头上用四个小长方形拼出了小人的两个小辫子，能够很明显地表现出小人的性别特征。我将黄滢睿的作品也照了下来，布置在了墙面上。渐渐的，拼拼贴贴区的墙饰越来越丰富，孩子们的拼贴作品也越来越富有创意。

（袁慧颖）

案例3　我爱讲故事（小班）

小班孩子特别喜欢听故事，而且一个故事会让你讲上一遍又一遍。可是一到区域活动时，却很少有孩子主动选择阅读区，偶尔有孩子到阅读区也只是对自己熟悉的故事翻看几下后便离开了。为了吸引幼儿参与阅读的积极性，我利用一些废旧图书上的动物图片，制作了许多小棍偶。开始我利用小棍偶给孩子们讲故事，一边讲一边利用小棍偶进行表演，孩子们看得都很入神。每次讲完故事后总是有很多孩子喜欢把小棍偶拿在手里来回摆弄。看到孩子们如此喜欢操作小棍偶，我对他们说：“今天老师在讲故事的时候，我想请一些小演员拿着小棍偶来表演。”话音刚落，孩子们都踊跃地举手愿意来当小演员。在我的指导下，孩子们很快学会了操作小棍偶进行简单的表演。

为了满足孩子们的表演、讲述的兴趣，我创设了阅读区的可操作墙饰。我在阅读区的墙饰上粘上了塑料小袋，并装饰了美丽的图案，小棍偶可以插进小袋子里，方便幼儿取放。这下，阅读区又热闹了起来，段夕昀跑过来对我说：“袁老师，来给我们讲故事吧！”“好啊，那你们做什么呢？”“我们用小棍偶表演。”于也博举着小棍偶高兴地说。“你扮演谁？”“我要演小猪。”樊朴真想了想说：“我演小兔子。”黄滢睿则拿起了剩下的小狗棍偶说：“那我演小狗吧！”孩子们确定了角色后我们开始讲故事，当我讲到小兔子时，只见樊朴真拿着小棍偶一摇一摆地走了上来。段夕昀嚷了起来：“小兔子不是这样走路的，应该是跳着走。”对，于也博也赞同昀昀的说法。我笑着问：“小兔子跳着上场，那小狗和小猪怎样走路？”樊朴真笑着说：“小猪应该是一摇一摆的，因为它很胖。”“哦，那谁能用小棍偶试一试？”只见于也博拿着小猪的棍偶左右晃动着从桌子的一边“走”了过来。“那小狗呢？”我接着问孩子。“我知道，我知道。”段夕昀一边表演一边说：“小狗应该是这样走的。”经过讨论孩子们确定了小动物入场的方式。我们又接着讲故事，在后面的表演中孩子们都很认真，讲到哪个小动物，哪个小动物就能准确出场。故事刚刚讲完，另外几个孩子纷纷举手，也要讲故事。渐渐的，阅读区越来越热闹，随着孩子们会讲的故事越来越多，墙饰上面的小棍偶也越来越多了。

（袁慧颖）

（三）通过布置拟人化的情境性材料引发幼儿参与活动的兴趣

小班幼儿具有泛灵化的特点，他们特别喜欢童话故事，常常以人的心理和情感去理解事物。因此，拟人化情景的创设适应了幼儿的心理特点，引发了幼儿参与活动的兴趣。

案例4　剪羊毛（小班）

近一段时间，我在活动区里投放了小剪刀，重点是让幼儿练习剪的技能，如剪直线、剪折线，但孩子们对剪的兴趣并不高。考虑到小班幼儿的注意力易分散，易受到外界事物的影响，但他们喜欢小动物、喜欢有情境的游戏等特点，我在美工区创设了一面有情境的墙饰。

在有蓝天、白云、草地的背景上，粘贴几只塑封好的小羊图片，天上还有一个红红的太阳。活动一开始，孩子们就惊喜地发现背景墙的变化：“老师，这里有小羊！”“那还有太阳！”天天说：“小羊身上没有毛？它们不漂亮！”凡凡说：“咱们给小羊画点羊毛吧。”我趁机说：“小羊已塑封，不好画了。咱们用小剪刀剪些羊毛吧。”说着边剪小纸条，边粘贴起来。孩子们的兴趣大增，纷纷拿剪刀、纸，剪起了长长的纸条。他们不仅把纸条粘贴在小羊的身上当羊毛，还把纸条贴在太阳的周围当光芒。有的幼儿还拿了一些绿色的纸剪了一些绿纸条，说这是草，并把绿纸条贴在小羊嘴边让小羊来吃……

有情境的区域背景墙饰，不仅激发了幼儿的兴趣，使幼儿能很快地融于情境当中，而且还引发了他们的想象、创造，使他们能主动创设一些情境，如喂小羊吃草、剪虫子在草地上爬等，使原本枯燥的练习剪直线的活动变得快乐而有趣了。

（柴红梅）

（四）通过呈现问题情境引发幼儿参与活动的兴趣

中大班幼儿好奇心强，喜欢有挑战性任务的游戏。因此通过问题情境来引发幼儿的探究兴趣也能起到很好的效果。

案例5　取"别针"（大班）

进入大班后，孩子们对磁铁游戏产生了兴趣，于是我们进行了磁铁可以吸什么、谁的磁力大、隔着什么还能吸等一系列的探究活动。为了使孩子们的原有经验能运用于解决实际中的问题，我创设了问题墙饰——不把水倒掉，你用什么方法取出别针，并设计了记录表，请孩子们记录自己的方法。投放的材料有：一瓶被放进几枚曲别针的矿泉水、几块磁铁、一双筷子和一个带线的小铁钩。材料投放后，我问孩子："如果不把水倒掉，怎样才能把瓶子里的曲别针取出来呢？"雨恒想了想说："我知道，用筷子一夹就行。"我问："还有其他办法吗？"英汉说："拿小钩子，放到水里一钩就出来了。"我接着问："磁铁有用吗？"浩浩想了想说："找一小块磁铁，系上线，放进去，能把别针吸出来。"我说："你们的办法听起来很好，你们去试试吧！"听了我的话，孩子们立刻兴奋起来。雨恒用筷子试了几下，可是瓶口太小筷子伸进去后动弹不得。英汉开始耐心地去钩曲别针，可是，曲别针平放在矿泉水瓶的底部，根本钩不上来。英汉只好和雨恒一起看着浩浩做实验。浩浩小心地把系着小块磁铁的线放进水瓶，曲别针很快被吸出来了。小朋友都把自己的实验结果记录在表格上。我说："你们想的方法都很好，大家都动脑筋了。浩浩的方法是老师也没有想到的。但是，如果只要一块磁铁不用系线行吗？"几个孩子拿着磁铁在矿泉水瓶旁边反复尝试如何隔着瓶子和水把曲别针吸出来，并获得成功，大家高兴极了，立刻向我汇报了这个新方法。孩子们对科学区的小实验更加有兴趣了。

（王志媛）

（五）通过创设小擂台引发幼儿参与活动的兴趣

中大班幼儿逐渐产生竞争意识，他们喜欢竞赛性的游戏，在背景墙饰中我们可以创设小擂台，例如，在棋区创设下棋高手的小擂台，在图书区创设故事大王的小擂台，等等。

案例6　故事大王（大班）

这段时间我们在图书区投放了一批新的图书，有《守株待兔》《三只小猪》《孔融让梨》等，我有意识地每周利用离园前或过渡环节等时间为孩子们讲述这些图书，孩子们渐渐对阅读这些图书有了兴趣，常常到图书区翻看、讲述这些故事。为了激发孩子们能讲更多的故事，我制作了一张记录表，请孩子们把自己会讲的故事在讲述后记录在图表里，并提出要评选出班级的“故事大王”。孩子们纷纷说要当故事大王，我说：“你们都想当故事大王，到底什么样的小朋友能当故事大王呢?”萧萧说：“谁讲的故事多谁就是故事大王。”晨晨说：“谁讲的声音大谁就是故事大王。”天天说：“谁讲的故事完整，谁就是故事大王。”依依说：“谁讲的好听，谁就是故事大王。”“什么样就算好听呢?”开心说：“学故事里人的说话学得像，就是好听。”其他小朋友也表示赞成。“那咱们把刚才说的记下来贴在墙上，评故事大王时用好不好?”小朋友们表示同意，并且把刚才说的用图画的形式画了下来，作为评选故事大王的标准，依依还设计了一朵大红花，她说要把选出的故事大王的小朋友的名字贴在上面。故事大王的墙饰吸引了很多小朋友，连平时不喜欢看书的航航也加入了这个行列。每次幼儿在集体面前讲完故事后我都要请幼儿讨论：这个小朋友的故事哪儿讲得好，还要注意什么问题？并在故事大王相应的标准下画朵小红花，这样孩子们都能在不同方面获得成功和自信，讲故事和阅读的兴趣更浓了。

（王彩红）

（六）通过悬挂立体吊饰来引发幼儿参与活动的兴趣

立体吊饰不但可以美化、分割区域，还可以模仿真实的情境，使幼儿身处其中，有一种真实感，从而更加投入地参与到游戏中。例如，表演区悬挂彩色蝴蝶吊挂配以纱帘，增加了表演区的舞台氛围。

三、支持功能

在区域活动中，教师支持幼儿的自主学习，但幼儿的自主学习并不意味着不需要教师的帮助与指导。当幼儿遇到困难时，教师应启发幼儿动脑解决问题，在墙饰中展示幼儿解决问题的方法、策略，以支持幼儿在活动中获得成功。例如，在美工区，很多折纸作品都是由双正方和双三角变化而来的，但是有些幼儿折起来比较困难，教师就在美工区创设了双正方和双三角的折纸步骤图，支持幼儿的折纸活动。

案例　设计剧本（大班）

每天的故事时间孩子们总是要听童话故事《白雪公主》，一段时间后，他们熟悉了故事的主要情节，了解了主要人物的特征、语言，就跃跃欲试地要表演《白雪公主》。孩子们说，排练好后，还想给小班的小朋友表演呢。但在排练的过程中却发生了问题。

“王后请你出场啦！”主持人说。“不是我，是小矮人先到小房间。”“是先卖有毒的苹果。”“小矮人先哭起来再有王子。”……小演员们你一句我一句，吵个不停，到观众来看表演时，大伙你看看我，我看看你，什么也没有排演出来。“今天排练有些乱，是怎么回事呢？”我问。孩子们纷纷议论起来。最后，大家一致认为，是因为没有商量好出场的先后顺序。“到底应该按照什么顺序出场呢？”孩子们积极地想起了办法：“我们听着磁带演，该谁上场谁上场，没到你别出来。”“让主持人把故事背下来，提醒我们演到哪儿了。”……经过大家讨论，还是觉得把故事画下来，按照画下来的事情一件一件地演最好。于是，孩子们开始给《白雪公主》设计表演剧本了。他们按照故事内容，边讲故事边画，经过反复修改讨论，最后决定用五张画来表示故事内容。几天后，孩子们把画好的剧本按故事先后发生的顺序贴在了表演区的墙上。在一幅幅图画的支持下，他们顺利地完成了排练。

（谢金香）

四、记录功能

记录功能主要指墙饰应成为幼儿学习过程和结果的记录，主要记录幼儿活动中的认知、观点、探索、发现以及解决问题的策略，它清晰地展现了幼儿经验建构的过程和幼儿游戏水平提高的过程。

案例　小蚕生长记（小班）

家长为我们拿来一些小蚕的卵，孩子们非常感兴趣地围拢在那里观察。为了让幼儿能够对蚕生长变化的过程有所了解，我提出问题让幼儿猜想。“小蚕会变成什么样呢？”孩子们猜想着：“会像小蝌蚪一样变成青蛙。”“会变得白白的长长的。”“会变成蛇。”土土提出反对意见：“它决对不会变成蛇，会变成什么我也说不清。”我把孩子们的猜想及时地记录了下来，又继续和孩子们一同进行观察。几天之后，孩子们兴奋地对我说：“快去看看吧！蚕仔上趴着好几个小小的虫虫，像小线似的。”小蚕“出世”了，它既不是青蛙，也不是蛇，而是现在的这个样子，我们给蚕宝宝拍了“出生照”。渐渐的，小蚕由黑黑、细细、小小的变成了白色的、长长的。我和孩子们每天进行观察，有一天，孩子们突然走过来告诉我：“老师它越长越长，都像毛毛虫了。”我趁机问道：“谁知道蚕长大了以后有什么本领？”并请幼儿大胆猜想，也可以回家询问自己的父母。

第二天，几个孩子惊奇地告诉我：“老师，蚕长大以后会吐丝，还能把自己包起来。”有的幼儿则根据自己的经验说：“它会像吊死鬼（虫子的俗称）一样，吐丝吊在树上。”几天之后孩子们发现蚕有的吐出了黄丝，有的吐出了白丝，还将自己包了起来。孩子们看到蚕把自己包起来，都欣喜地说：“蚕会自己盖房子，真好玩。”我又问：“蚕把自己包起来了，它还会变成什么样子呢？”孩子们有的说：“会变成穿着漂亮衣服的花蚕。”有的说：“包起来就死了。”……

结果出人意料，一天一个孩子发现从一只蚕茧里钻出了一只小“蝴蝶”，他惊喜地叫嚷着，孩子们听到后都围拢过来，有的说：“蝴蝶不是从这里钻出来的，蚕怎么会变成小蝴蝶呢？”这时孩子们都望着我，好像是在询问：“老师，这到底是怎么回事啊？”我及时地告知了幼儿正确的词汇：“这是蚕蛾，而不是蝴蝶。”并让他们继续观察另一只蚕茧的变化。孩子们亲眼目睹了蚕蛾从蚕茧里钻出来的情景，觉得太神奇了，一个个用充满好奇的眼神望着我。我把蚕生长各阶段的照片展示在墙上，并和孩子们一起回忆蚕的整个变化过程：卵→小蚕→大蚕→茧→蚕蛾，帮助幼儿对蚕的生长变化有了一个完整的认识。

在幼儿对蚕的生长变化有了相关经验之后，我们还将蚕的生长过程制作成《小蚕生长记》的图书投放到图书区，将蚕的生长变化的图片投放到益智区进行排序游戏。通过多种形式让幼儿巩固对蚕的变化的认识。

知识是在自己经历和体验的过程中获得的，通过教师和幼儿一起观察、记录蚕的生长变化，幼儿借助图片与照片梳理自己对蚕生长变化零散的经验，获得蚕生长变化的知识，而这个知识是幼儿亲身经历的，印象一定非常深刻。

（朱艳红）

五、激励功能

激励功能主要指通过展示幼儿有创意的作品、想法或张贴幼儿照片等形式激发幼儿的自信心。例如，在美工区鱼的专题中，一名幼儿想出和别人用不一样的材料制作鱼，老师就可以把该幼儿的作品展示出来，以此激发幼儿的自信心。

第三章　区域活动的组织与指导

区域活动是幼儿自由选择、自主探索、按自己意愿进行活动的过程。但这并不意味着，区域活动是教师完全不加影响、不加控制的自由天地。实际上，幼儿完全自由的活动，往往带有很大的试误性质，只有通过教师对区域活动科学的组织与指导，才能保证幼儿有效的学习并获得发展。

我们把区域活动的组织分为四个环节：选区、活动、收拾整理、评价。这四个环节相互联系，密不可分。选区是幼儿活动目的性、计划性的体现，是幼儿自主活动的开始。活动是在选区之后进行的，在这一环节中，幼儿要通过与材料及他人的相互作用去学习、探索、发现，从而建构新经验，教师在活动过程中的观察与指导非常重要。收拾整理环节发生在幼儿活动结束之后，幼儿要对操作后的材料进行收拾、打扫、分类摆放，可以从中培养幼儿良好的行为习惯、责任感及做事的条理性。评价环节是整个区域活动的最后一个环节，是幼儿分享、交流、梳理经验的过程。幼儿在与教师和同伴积极交流、讨论的过程中，回忆自己做过的事情、遇到的问题，使幼儿零散的经验概念化、系统化，从而实现经验的主动建构。这四个环节组成了区域活动的完整过程，教师的指导就蕴含在这四个环节之中。

在区域活动开展的过程中，我们常常会观察到一些问题：有的孩子频繁换区；有的孩子无所事事；有的孩子与人发生争执；有的孩子在活动中遇到困难将要放弃……面对这一系列的问题教师应如何指导呢？面对自己观察到的问题，教师又应如何分析呢？指导策略灵活多样，教师又以什么作为指导的依据呢？

在这一章里，我们将与您共同探讨区域活动开展过程中的各种困惑和问题，并介绍我们的一些做法，希望在区域活动的组织与指导方面能给您带来一些帮助和启示。

第一节　区域活动前指导幼儿科学选区

选区是指幼儿在教师创设的自由氛围中，根据自己的兴趣、经验、需要，主动选择去某一活动区域进行某一活动的过程。选择区域活动也是幼儿自主活动的开始，看似简单，其中却蕴含着很多教育价值。

首先，选择就表明幼儿有明显的心理倾向，是幼儿行动目的性的表现，相对于幼儿期行动目的性不强的特点，培养行动的有意性是区域活动前教师指导的重点。其次，幼儿自主选择，这可以培养他们的自我意识，使他们认识到自己可以做决定，并根据自己的决定来行动，他们可以自己主宰活动，这也是区域活动培养幼儿自主性的关键。最后，幼儿通过做出选择、进行活动、克服困难、取得成功这一完整的过程，不断获得新的经验，体验成功与自信。这样的过程不断地循环，使幼儿不断向更高水平发展，同时，在这一环节里，教师可以了解幼儿的选择，发现幼儿的兴趣和需要，从而对幼儿进行有针对性的指导。

要指导幼儿学会选区，还要有三个值得注意的前提。

第一，宽松自由的环境。幼儿遵从自己的意愿选择活动区域，这首先要求教师要为幼儿提供丰富的环境。如果材料贫乏，活动单一，又何谈选择呢？其次，教师要尊重幼儿，允许幼儿根据自己的需要、兴趣进行选择，给幼儿一个宽松的精神氛围。

第二，一定的限制。这里的限制是指制定一定的选区常规，如每个区域应有一定的人数限制，幼儿可以通过挂选区牌等方法表明自己选择了某一个区，当活动区的人数已满，教师应灵活地根据实际情况，引导幼儿通过协商、讨论等方法合理解决问题。

第三，熟悉区域及材料。幼儿要做出选择，就要知道教室内有哪些区域，区域中有哪些材料，可以进行哪些活动，应如何使用这些材料，如何参与这些活动，幼儿只有操作过这些材料或参与过这些活动，才能知道材料或活动是否有趣、对自己有何价值，才能在多种材料或活动中根据自己的需要进行选择。因此，在新学年开始时，教师应有计划地创设区域，根据幼儿的兴趣和需要循序渐进地增加区域、增添区域新材料，不要追求一步到位。如果不是在开学初，而是在课程实施过程中需要增设活动区或是投放新材料，也要遵循先让幼儿熟悉了解区域及材料的原则。当然，有些材料并不需要幼儿提前操作体验，如益智区的拼图、手眼协调区的珠子等材料，只需在开区前对新投放的材料做重点介绍即可。在熟悉、了解区域及材料后，幼儿的选择才变得有意义和价值。

在选区的过程中，我们常常会发现这样一些幼儿，他们或者犹豫不决，或者四处游荡，或者与人发生争执……但归纳起来，大致存在以下三种类型的问题。

一、不会选

不会选择区域活动的情况一般出现在小班或中班初期，幼儿的年龄基本是3～4岁。这一年龄段的幼儿，行动的目的性不强，很多活动都是无意行为，往往是先做，之后再去想。对于不会选择区域活动的幼儿，教师首先要理解这是幼儿的年龄特点决定的，然后通过提问、暗示、建议、行动示范等方法来培养幼儿行动的目的性，并在活动中通过反复实践使之强化。在小班与中班初期，教师要特别关注对幼儿的选区进行指导。

案例　换来换去的孩子（小班）

孩子们入园已经一个多月了，对班里的各个活动区已经基本熟悉。但是我发现，少数孩子不会选择区域活动，他们总是在区域活动时间换来换去。大伟就是这样一个孩子。

这天，区域活动开始后，大伟一下子冲进了益智区，他选择了套盒玩具（从大到小一共十个）。他用小手一个一个地拿出套盒，摆弄了几下，还没按顺序排好，看到美工区的小朋友给小鱼涂颜色，他又跑到了美工区，拿起笔胡乱地画了几下。然后去了娃娃家，抢过“妈妈”的小锅要做饭。这下可惹恼了当“妈妈”的小雨。“老师，大伟又给我们捣乱。”我问：“大伟，你是想给娃娃做饭吗？”大伟点点头。我说：“妈妈，今天吃什么呀？”小雨说：“吃面条吧！”我说：“大伟给你们做面条好吗？”小雨说：“行。”我问：“大伟你愿意做面条吗？”大伟点点头。他来到美工区，用剪刀剪起了面条，我说：“做细点，娃娃喜欢吃细面条。”大伟很小心地剪了起来。十几分钟过去了，大伟还在认真地做“面条”。过了一会儿，小雨从娃娃家伸头问：“大伟，面条做好了吗？娃娃都饿了。”大伟端着一筐“面条”送给了“妈妈”，大伟问：“还要面条吗？”小雨说：“还要，再多点儿。”大伟又高兴地去剪面条了。

（王志媛）

二、不想选

在区域活动开始时，大部分幼儿都兴奋地选择了自己喜欢的活动，但有个别幼儿不作出任何选择，面对教师的询问、引导也是态度漠然。像这样不想选区的幼儿多是由于情绪困扰所致。这种情况在托班、小班较为常见，这时教师不要急于要求幼儿进入某一区域，而应该先安抚幼儿的情绪。如果幼儿是因为某件事情不快，可以通过谈话的方法帮助幼儿发泄心中的不快，幼儿发泄情绪时教师应认真倾听，并适时表示理解，然后通过直接沟通的方式疏导幼儿的情绪，也可以转移幼儿的注意，利用有趣的材料或情境来吸引幼儿，使他逐步产生活动的兴趣。也有幼儿并非因为情绪困扰而不想选取，他们只是对各种活动不感兴趣，这样的幼儿多数性格比较内向，不爱说话。教师可采取建议、提示、邀请的方法引导幼儿进入区域活动，让区域中教师及同伴的情绪来影响他、带动他，让他自愿参与到活动中来。对这些孩子，教师的态度一定要温和，并给幼儿时间，允许他们有一个转变的过程。

案例　我不想玩（小班）

安杨入园已有三周的时间，情绪已经基本稳定下来了。她是一个比较内向的女孩子，平时不太爱说话，面对刚刚开放的活动区，她从不主动参与。

今天我请幼儿自己去选区，大家陆续去玩了，只有安杨一个人坐在椅子上。我走过去问："你怎么不去呢？"她没有说话，我以为她不明白这时候该干什么，就告诉她："去选你喜欢的玩具玩吧，你想玩什么呢？"她摇了摇头说："我不想玩。"见她不参与区域游戏，我想到安杨妈妈说过她喜欢系扣子、解扣子。于是我拿出系扣玩具问："和老师一起'包饺子'好吗？"她看了看，点点头。我和她来到生活区，坐了下来。开始她只是静静地看着我和一旁的小朋友包，我把包好的饺子都放到了安杨那里。看着看着她也拿起了饺子皮，包了起来。我看到她没有放馅，便故意包了一个大馅的，举到她面前说："看我的饺子里包了很多馅，一定很好吃！"她看了看我，说："安杨的饺子还没馅呢。"然后，她将按扣打开，放了一些棉花，又一个一个地把扣系好，"看我的馅多多。""嗯，安杨真棒！"我向她竖起了大拇指。听到我的表扬，她也笑了起来。后来，我们又一起煮饺子、捞饺子。安杨也放松了许多，还递给我一个饺子："你也吃一个。""好，真好吃！"

第二天，我再让幼儿选择游戏时，安杨直接搬着椅子来到生活区，又包起了饺子，看来她已经喜欢上这个游戏了。

（梁海谊）

三、只选一个区

在区域活动中我们也会发现这样的幼儿，他每天都会重复选择一个区域。这样的幼儿往往被我们忽视或是强迫换区。教师的用意是好的，希望幼儿能得到全面发展，然而我们却忽视了幼儿的个性发展及心理需求。针对这样的幼儿，教师不妨借鉴一下中医治病的“望、闻、问、切”。所谓“望”即要先观察分析，看看孩子为什么只选一个区，如果他确实对这个区很有兴趣，并且游戏水平也在不断提高，教师就先不去干预，在适当的时候，利用幼儿的兴趣点引导其参与其他区域的活动。例如，爱玩建筑区的小朋友，可以巧妙地引导其到美工区制作花园方面的辅材，还可与角色区联合开展逛公园等主题情节。如果孩子在一个区域的兴奋点即将结束，或是游戏水平没有得到进一步发展，这时教师可以进行第二步：“闻”和“问”，即听听孩子的需求，询问孩子是否有新的想法。最后，根据孩子的需求加以正确地引导。需要特别指出的是，切记不要强迫孩子换区，可以通过一些巧妙的策略来引导。

案例　杨杨的图书（小班）

杨杨从家里带来了两本故事书，妈妈说这是她最喜欢的书，其中的故事她都能够讲述出来。得到杨杨的同意后，我们将书放到了图书区里，让大家一起来看。

最近一个多星期，我们发现杨杨只选择去图书区看书，每次都取出她的那本《小蓝和小黄》讲述，看到她很投入地看书，我并没有打扰她，但最近，她不再讲述图书了，而是抱着自己的图书看着其他小朋友玩。我走过去问：“能让我看一下你的书吗?”“好。”她把书递给了我。我翻了翻，发现这本书的封底有一页装饰图案，是很有规律的蓝黄点点儿。我心中便有了主意，看看能不能把她引向穿珠区。

我打开书放在桌面上，故作惊奇地说：“呀，这页可真有趣，这么多的点点呢!”杨杨也凑过来看。“黄蓝黄蓝黄蓝……”我一边指一边说，杨杨赶快说：“不是，是小黄小蓝小黄小蓝。”“是呀，就像穿珠区的珠子一样，真好看。”我说。接着我问她：“你能不能把小蓝小黄用穿珠绳穿起来呢?”“嗯……”见她有些犹豫，我又说：“你把它穿完了，我可以帮你把它挂在门上当门帘，这样你不打开书也能天天看到它们了!”“好。”

她点点头。在我的鼓励下她来到了穿珠区。我知道她很少来这个区，就帮助她找来黄色和蓝色的珠子，让她来穿。她坐了下来，“先穿哪个呢？”我听到了她很小的声音，便递给她那本书，“就按这页的规律来穿吧。”她很认真地穿了起来。当我将她穿的一串珠子挂在门口的时候，我看到了她的笑脸。然后我又鼓励她再穿一个不同规律的项链，她又自己穿了起来。区域活动结束后，我特别请大家欣赏了一下杨杨的作品，夸奖杨杨穿了一条漂亮的门帘。第二天，她又来到了穿珠区……

（梁海谊）

第二节　活动过程中的针对性指导

蒙台梭利曾经有这样一个形象的比喻：当一个人在树林里散步的时候，他能够长久的沉思，他能够浪漫的联想，在这个时候如果远处传来钟声，他这样的感觉会更好的加深，像诗一样。一个优秀的教师，他的杰出之处就在于：当这个孩子正好在森林里散步的时候，老师就是那钟声，能够加深这样美好的感觉。这段话形象地说明教师应如何发挥指导作用。在千变万化的实际情境中，研究教师的指导是促进幼儿主动发展的关键。那么，如何使教师成为幼儿活动的支持者、引导者、合作者呢？如何处理好教师主导与幼儿主体的关系呢？我们认为教师的指导作用尤为重要。

我们知道一切指导都应以观察为前提，在活动中我们会观察到幼儿是如何与材料互动的，他的思维水平如何，他的兴趣和需要是什么，他的学习风格有何特点，又遇到了哪些困难，能力差异在哪里……针对我们观察到的信息，教师要用专业的理论知识去审视，给予正确的分析判断，并进行有针对性的指导。在指导过程中教师要找到幼儿的最近发展区，为幼儿的发展提供支架；要通过启发式提问，引导幼儿主动思考，不断探索、发现；要创设情境激发幼儿的兴趣；要调整材料实现对幼儿的间接性指导，并在游戏过程中有目的地施加积极的影响，引发幼儿思考，克服困难，解决游戏中的问题，从而促进其健康个性的形成。所以，教师指导的最终目的是促进幼儿的主动学习。在本节中我们重点从以下几个方面作为切入点进行了探索。

一、指导幼儿有目的地参与活动

我们发现，在幼儿选区之后的活动中，他们仍然会出现无所事事、频繁换区等现象，这可能是由于幼儿活动的目的不够明确或是活动目的容易转移造成的。对于托、小班的幼儿，教师要通过询问、建议、暗示、参与游戏等办法，明确幼儿活动的目的；对于中、大班的幼儿，教师要通过询问、讨论、协商等办法，使幼儿的活动目的更加具体。

（一）活动目的不明确时教师的指导

幼儿选择了活动区域，但是活动的目的不明确，常常表现出是无所事事的样子。针对这样的幼儿，教师可以以支持者的身份询问、引导，帮助幼儿明确自己的活动目的，并愉快参与到游戏中。

案例1　我搭火车站（小班）

小班末期，随着幼儿搭建水平的提高，他们开始尝试用围拢、覆盖的方法来搭建简单的建筑。为了让孩子们掌握一些简单的搭建方法，我们在背景墙上提供了一些建筑物的照片。

今天的区域活动一开始，段夕昀和宣昊良就忙开了，只有果新岳坐在建筑区的地垫上，拿着两块积木敲敲这儿，敲敲那儿，什么也没有搭。我过去问他："新岳，你想搭什么呀？"他看着我，笑着说："我也不知道。""那我们一起去看看别人在搭什么好吗？"他点了点头。我们先走到段夕昀身边问："昀昀，你在搭什么？"昀昀一边搭一边说："我要给小动物搭楼房。"接着我们又去看宣昊良，昊良介绍说在搭"动物医院"。最后我带新岳来到建筑区的背景墙前，和他一起观察，这是"小动物的家"，这是"医院"，"这是动物园"，他指着"动物园"里的小火车说："这个。""你是想开火车到动物园吗？"他使劲点点头，我指着铁轨说："小火车要有铁路才能走，你能给小火车搭个铁路吗？"他点点头高兴地说："行！"然后开始给火车搭铁路。

（袁慧颖）

（二）游戏主题中途转换时教师的指导

幼儿在活动中缺乏一定的目的性，注意力易转移，不能持续原来的游戏主题，此时需要教师以角色的身份进行介入，教师通过与幼儿的交流，使幼儿的游戏得以继续进行，也可以为幼儿下一步的游戏提供新的目的与游戏的内容。

案例 2　趣味娃娃家（托班）

活动区时间陈蕊和王睿豪选择了在娃娃家进行游戏。陈蕊扮的妈妈照顾娃娃穿衣服、喝奶，王睿豪扮的爸爸在切菜、摆餐具，他们能很好地分工，于是，我便到别的区角进行观察指导。才一会儿的工夫，我就看到娃娃家的娃娃自己躺在床上，盘子和饭菜摆满了一桌子，但却无人问津。而“爸爸”“妈妈”却一个站在床上挤压展示墙上的出声玩具，一个在床下面不停地挤压另一个玩具，玩得不亦乐乎。我观察了一会儿，看他俩丝毫没有玩娃娃家的意思，便以客人的身份进入了娃娃家。“当、当、当！”在我急促的敲门声下，两人赶紧放下手中的玩具来开门，我说：“我特别喜欢你家的宝宝，我想看一看他。”听我说完，“妈妈”赶紧抱起娃娃走了过来，“爸爸”也紧跟在后面。我抱着娃娃说：“告诉你们一个好消息，旁边新盖了一个动物园，有好多动物呢！你们一会儿带宝宝去看看吧！”“爸爸”和“妈妈”听了，开心地答应：“好啊！”“妈妈”说着便要抱起宝宝，我看着一桌子的饭菜问道：“你们都吃过饭了吗？肚子没吃饱就去玩儿，一会儿就会没劲儿，走不动的。”“爸爸”站过来说：“还没有呢！”我便接着说：“那你们赶紧吃饭吧，我先走了。”只见他俩一个抱着宝宝，一个拿着小勺一勺一勺地喂饭，很像真的爸爸妈妈喂娃娃一样。待他们都吃饱之后，“妈妈”抱着宝宝对“爸爸”说：“咱们赶紧带宝宝去动物园吧！”“爸爸”也很开心地说：“好！”说着，“妈妈”便将宝宝抱到了外面，一边往外走一边还对“爸爸”说：“别忘了拿钥匙。”“爸爸”在“妈妈”的提示下，赶紧锁上了门，小跑着跟上了“妈妈”。“妈妈”抱着宝宝像模像样地在建筑区搭建的动物园旁边对着宝宝介绍着，边说边指指点点，不时还让“爸爸”给她们照个相呢！

（朱艳红）

二、指导幼儿遵守规则

这里所说的游戏规则包括一般性规则和游戏本身的规则两方面含义。一般性规则是为保证游戏正常进行而制定的行为上的要求、限制，如建筑区不推积木、图书区要安静等。游戏本身的规则是指游戏本身的玩法或材料操作的方法、程序等，如棋的规则等。作为教师，我们必须认识到，规则的建立不是教师一味地提要求，幼儿被迫去接受，而是要通过情景设置、协商、讨论等方法，让幼儿参与到规则的制定中，让他们真正内化规则、体验规则，这样才能使幼儿真正理解并主动遵守规则。

案例1　会变的规则（大班）

中国象棋是孩子们比较喜欢的游戏，但是由于它的规则多，技巧难，所以孩子们玩一两盘就不玩了，游戏的水平也很难得到提高。所以我们尝试了中国象棋的另外一种玩法——暗棋，规则相对较少，技法比较简单。为了使幼儿了解规则的作用，我没有把所有的规则告诉大家，只介绍了摆棋和下棋的基本规则。即双方一次不断地把只显示背面的棋子翻过去，但只能移动自己颜色的棋子，并按“将——象——军——马——炮——兵”的顺序从大到小吃棋。方法简单，又特别容易分出胜负，孩子们很喜欢玩。但在游戏中孩子们发现了问题，如果一样的棋碰在一起怎么办？我首先表扬了发现问题的小朋友，然后请大家自己制定规则，试了几种方法后，大家一致认为：在一人走一步的基础上，同样的棋可以相互吃掉。就这样玩了两天后，孩子们对暗棋的兴趣不大了，原因是他们发现只要谁先翻出了将，就必定会赢，决定输赢的方式已经不能激发起孩子们的兴趣了，而且下棋的过程也没有难度。我再次提出了质疑：“难道就没有别的棋管得了将了吗？”一个小朋友说：“我爸爸说兵能吃帅！”按这个小朋友说的规则我们又试了试，这下好玩了。

规则如果是教师告诉孩子的，孩子可能不理解，不会玩，但如果规则是孩子自己发现问题后，自己设计的，孩子们会清楚规则的来历和具体的方法，游戏的积极主动性就能很好地调动起来。

（刘光瑾）

案例2　收积木（小班）

今天杨杨和开心在建筑区给小动物搭建房子，杨杨搭了一个高高的房子，开心用围拢的方法搭了一个方方的房子。杨杨把塑料小动物放到了房子上．正在这时，音乐响起，该收活动区的玩具了，杨杨“呼啦”一下将他搭的积木全部推倒，开心在他的影响下也将积木“呼啦”一下推倒，然后两个人开始慢慢地收。我走过去提示他们，收积木时不要推，要一块一块地收，但是对于小班孩子仅用语言的提示，效果并不一定很明显，我决定对建筑区进一步观察与指导。

第二天，杨杨和开心又来到了建筑区，他们继续给小动物盖房子，他们开始将积木慢慢搭高，开心又将积木围过来搭，过了一会儿，他俩便搭了一个方方的高高的房子，开心将长颈鹿放到了房子里，正在这时，活动区活动结束的音乐响起，杨杨正要把积木全部推倒，我走了过来，说："呦！长颈鹿的家真高、真漂亮，可千万别倒了呀。"我请全班小朋友来看他们给小动物盖的房子，大家都说："房子真漂亮。"我问："这房子这么高，我们怎么收呢？"畅畅说："要从上面一块一块地收。"我问："从下面开始收行吗？"大家异口同声地说："不行。""为什么不行呀？"傲傲说："从下面收积木就该都倒了。""对，那谁来收一下？"杨杨主动举手，于是我请他来收积木，这次他收得很小心，动作轻轻的，从上面一块一块地将积木取下来，他收完了最后一块积木的时候小朋友都为他鼓起了掌。在以后的收积木环节，孩子们能有意识地一块一块收积木了。

（王晓光）

三、指导幼儿使用工具的方法

在幼儿园的区域活动中，幼儿会接触各种不同的工具，如毛笔、花边剪刀、天平、放大镜等，每种工具都有不同的使用方法，教师要引导幼儿正确使用工具，发现不同工具的性质与价值，使工具更好地为幼儿的活动服务，从而提高幼儿的游戏水平。对于一些较复杂的工具，教师还可以先进行预操作，从而帮助幼儿对工具的使用有更加深入的了解，在此基础上，将其难度进行目标分解，并通过设计系列化的任务逐渐解决幼儿使用工具上的问题。

案例1 我会使用削笔器（大班）

孩子们升入大班，美工区的活动日益丰富起来。各种各样的笔、纸、辅助材料是孩子们最喜欢使用的材料。孩子们尤其喜欢用各种各样的笔进行的装饰画活动，削铅笔器就成为美工区必备的工具。

一天，魏蓬对我说："老师，咱们的削铅笔器坏了，怎么也削不好。""你再试一试。"我鼓励他说。"老师，还是不行。"他撅着小嘴皱着眉毛对我说。"老师，和你一起试试吧？"说着我扶着他的小手在削笔器上转了几下。"奇怪，它还能用呀？"魏蓬仔细打量着转笔刀。

第二天，爱探索的魏蓬和瑞瑞又来到了美工区，积极主动地帮好朋友削笔，他们说削铅笔器好像又坏了，我鼓励他们自己再去试一试。过了一会儿魏蓬突然兴奋地告诉我：“老师，我知道了，削铅笔器没有坏，应该向这边转。”我装作很惊讶的样子问：“怎样让全班小朋友都知道你们发现的秘密呢?”聪明的蓬蓬说：“我们在削铅笔器的把手上做个标记就行了。”“做个什么样的标记呢?”我继续问。瑞瑞说：“就用表示转动方向的小箭头表示吧!”我们都说这个办法好。从那天起，再也没有出现削铅笔器坏了的问题。

（谢金香）

案例2　爱吃纸的小剪刀（小班）

洋洋在美工区使用小剪刀给娃娃剪面条。他将大拇指和中指插入剪刀把儿，食指握住剪刀柄使劲地将剪刀打开，试了好几次，好不容易才把剪刀张开了一点，并试图用另一只手将纸放入剪刀开口处。他用手扭动小剪刀，而剪刀没有做张合的动作，任凭他努力把纸压出了一个深深的印，脸憋得通红，可是还是没有剪动纸。这时，他向四周望了望，脸上显出焦急、无奈又失望的表情。我赶快走过去，坐在他的身边，拿起一把剪刀，握住剪刀，让剪刀一张一合，边做动作边说儿歌：“小剪刀，大嘴巴，一张一合笑哈哈。”洋洋也拿着剪刀慢慢地把剪刀张开一点，费了半天劲，可剪刀就是合不上，我又夸张地做着张合小剪刀的动作，让他仔细看剪刀张开时与闭合时手指的用力方向和幅度，洋洋这次的动作有了好转，剪刀稍稍张开一点，然后就合上了。我夸奖地说：“洋洋真棒，就是这样。”接着，我又边做动作边说儿歌：“小剪刀，大嘴巴，一张一合笑哈哈。”洋洋也跟我高兴地反复做剪刀的张合练习，这次他使用剪刀张合的动作熟练了一些。我说：“小剪刀最喜欢吃纸了，嘴巴要张开才能吃到纸，吃完纸小剪刀要马上闭上小嘴。”我拿起纸边说边轻轻地一下一下剪，洋洋看着我用剪刀剪纸的样子，也把纸“喂给”自己的小剪刀。小剪刀慢慢地张开、合上，终于他的小剪刀剪了一下纸，他高兴极了，兴奋地对我说：“老师，我的小剪刀吃到纸了。”我说：“你真棒，让你的小剪刀多吃一些吧。”洋洋说：“好。”后来洋洋一直在美工区专心而愉快的用小剪刀剪纸，玩着小剪刀“吃纸”的游戏。

幼儿在使用小剪刀这一工具中遇到了困难，老师观察后，在孩子最需要帮助的时候，给予了有效的指导，用儿歌和语言伴随动作，帮助孩子一步步走向胜利。当孩子遇到了困难，正要放弃的时候，老师的介入，就会像雪中送炭一样，使孩子在活动中体验到成功。

（王晓光）

四、指导幼儿游戏中遇到的困难

在区域活动过程中，幼儿会遇到各种困难，阻碍活动的顺利进行。面对幼儿的困难，教师又将如何反应、如何应对呢？解决问题的过程是培养幼儿积极思考、多角度思维、创造性解决问题及塑造良好意志品质的过程，也是幼儿解决矛盾冲突、建构新经验的过程。教师应抓住这一教育契机，变难点为教育点，启发幼儿动脑、动手解决困难，支持幼儿获得成功。在长期的实践过程中我们把解决困难的过程大致归纳成如下步骤：

1. 倾听幼儿的问题。
2. 明确困难和问题。
3. 讨论解决问题的方案。
4. 最终获得一致的解决方案。
5. 实施后问题解决。

教育实践的许多事实表明，在幼儿遇到困难时，若没有及时获得帮助，会使幼儿或放弃探索，或自信心受到打击，减少了探索愿望。可见，教师要关注幼儿活动过程中的困难，通过解决困难向幼儿渗透多方面的教育。

案例 1　长脚的大门（大班）

“幸福超市”已经筹划一段时间了，大家决定为超市做一个大门，并在门口上方贴上超市的名字。经过讨论，大家决定用酸奶盒和牙膏盒粘一个。

首先，孩子们设计了门的样式，并按照图纸粘了起来。经过一番努力，大门总算粘好了。看着这个能钻进钻出的门，孩子们别提多高兴了。可是，这个门总是需要两个小朋友扶着，只要一松手，大门就倒。怎么能让大门不倒呢？通过讨论，有的小朋友认为可以用大宽胶条固定，有的说把大门粘在教室地上。西西说：“粘地上不好，我们不玩活动区时，走来走去太碍事了。”于是，孩子们开始尝试往大门上粘胶条。可是，粘了许多胶条，大门丝毫没有自己站稳的意思。最后，只能把大门先靠在一边。

户外活动开始了，孩子们玩起了开汽车的游戏。我站在交通信号灯前说：“这个信号灯架子也挺高的，它为什么不倒呢？”孩子们观察了一会儿，有的说：“因为它是铁的，它沉。”“沉的就不倒吗？”我又指着一个塑料的篮球架：“这个塑料架轻，它为什么也不倒呢？”有的孩子用手轻轻地摇晃篮球架仔细研究，几个孩子告诉我：“老师，因为它下面有托儿，特沉所以不倒。”见孩子们发现了这些，我又问：“怎样才能让超市的大门自己站起来呢？”鹏鹏说：“把咱们的大门底下也变沉点儿。”嘉辰说：“我知道，往最下面的两个酸奶盒子里装上沙子就行。”我说：“可以试一试。”浩浩不同意，他说：“装沙子会弄得满地都是。”我问：“那你认为放什么好呢？”看着墙角的砖头，他说：“还是放砖好。”我问：“这样行吗？”小朋友说：“行，咱们试试吧！”很快有人拿来了两块砖。回到班里，小朋友迫不及待地开始尝试。大门果然自己站起来了。可是它总是晃晃悠悠，一碰就倒。怎么办呢？有的小朋友说：“再加两块砖吧。”最后，大家决定：用两个牛奶箱给大门当脚，一个里面放上两块砖。很快，大门自己能稳稳地站在超市前面了。孩子们都高兴极了。

（王志媛）

案例 2　接亮小灯泡（大班）

涵涵和松松选择了科学区进行实验。涵涵选择了如何让小灯泡更亮的实验，松松选择了磁铁的实验。松松进行得很顺利。而涵涵就没有这么幸运了，在用两节电池接亮了小灯泡之后，他选择了三节电池进行实验，这次就没那么简单了，他借用刚才的经验，一只手拿两节电池，另一只手拿一节电池，小手既要将电池拿稳，还要分别握住小灯泡和电线与电池的连接，只见：一会儿电池歪了，线路不通；一会儿小灯泡又从缠好的电线中跑了。哎，真是顾了这儿，顾不了那儿。怎么办呢？他赶紧向旁边的松松求助：“松松你帮我拿着电池行吗？”松松按着涵涵说的去做了，此时涵涵一只手准备握住缠好电线的灯泡，另一只手准备将线与电池的负极相连。可是，四只手在一起很难稳住，而且两个人的脑袋挨在一起，相互影响着视线，配合了半天实验还是很难继续。涵涵此时着急地问我说："我们想用三节电池试一试，可是却怎么都拿不好，电池总是动，电路连接不上。"看到他们遇到的问题，我问："你们希望怎样呢?"两个人都说："我们想让电池别动，不然我们都没办法实验了。"看到孩子们的需求，我的心里有了自己的想法，但是我并没有直接告诉幼儿，便说："你们想一想家里的电动玩具电池是怎样放的?"他俩争抢着说："电池都放在一个小盒子里，一个一个摆好。""那你们到咱们班的活动区里去找一找，看一看有没有你们想要的东西。"他俩找来找去，最后到美工区找到了一个小的牙膏盒，他俩把三节电池放在里面摆好，可是由于盒子比较宽，电池放在里面仍然来回动，很难固定。但是他俩似乎有了一些方向，一门心思要找更小的盒子，找来找去，始终不太满意。看到此时，我又说："上次涵涵拿来的可以发光的小灯笼是用什么来装电池的?"此时涵涵似乎突然想到了什么好主意，兴奋地大声说："是塑料管。"说着便在美工区找到了班级收集的装修用的线路塑料管，把七号电池放到里面正合适。在运用的过程中，发现涵涵的方法简单易于操作，电池能够自由取放而又不会来回乱动；而且选择两节或三节电池转换方便。我夸奖他俩说："今天你们两个想出了这么好的实验材料，真棒!"他俩相互看着笑着，感受着成功的快乐。

（朱艳红）

案例3　我们一起找"路灯"(小班)

今天，苏苏第一个将自己的标记卡挂到了建筑区的计划板上，看来他已经为自己的区域活动时间制订了有关建筑活动的计划。他从玩具架上取出许多绿色轨道样的材料，很快便建好了一条公路，然后他又回到玩具架旁，找了一会儿，最后取下了所有的薯片筒以对称的形式摆放在了"公路"的两旁，一共摆放了四组，可是他似乎并不是很满意，看了一会儿自己的作品又拆掉了，而且很不高兴，坐在那里不动了。我走过去问："这么漂亮的建筑怎么被拆掉了?""它一点儿也不漂亮，一点儿也不像行宫广场的路灯。"我明白了，他刚才是在找样子像路灯的东西，最后他似乎觉得只有薯片筒更合适一些，但是可以看出他并不满意，以至将自己的建筑拆掉。我对他说："苏苏，你想要的路灯是什么样子的?能不能和我说一说?也许我可以帮你。""是高高的，上面有圆圆的白颜色的灯泡。""那咱们一起在咱们的活动室里找一找，看看有没有哪些东西可以替代你想要的路灯，好吗?”他点点头答应了。于是我们开始在活动室寻找“路灯”。

“苏苏，你看这个像不像你要的路灯?”我拿着一个红色的木珠问他。他摇摇头，显然他对我的发现并不满意。偶然间我发现了早上小朋友吃完药剩下的小盒子——装药丸的白色塑料小球。我拿起来问苏苏：“苏苏，这个怎么样?”他一看说：“可是灯泡是在高高的杆子上的。”“没关系，我们再找找看，看看有没有什么东西可以用来代替杆子。”最后苏苏在自然角找到了一根小木棍儿，他觉得可以用来做杆子，于是我们一起将白色塑料小球固定在小木棍上，这下子苏苏可高兴了，拿在手里舍不得放下。既然有了合适的“路灯”那么就要将“路灯”建在公路两旁了，苏苏高兴地要将我们的路灯建在公路旁边，可是新的问题出现了：“路灯”的杆子是用小棍儿做成的，很细，不能像薯片筒一样可以很稳地站立在“公路”两旁，苏苏试了很多次仍然没有成功，他显得有些急了。对于小班孩子在面对困难时能够积极去解决，但是眼看就要成功了却出现了新的问题，他所表现出来的急躁也是可以理解的，此时我想我应该去帮助他一下，于是我对他说：“苏苏，小棍儿与薯片筒有什么不一样?”他看了看说：“一个粗一个细。”“好，那就是说如果我们将小棍儿靠下面的部分变得粗一些，那么你的路灯就可以站稳了，对吗?”他没有说话，我为他提供了一个矮圆柱形且带有小孔的积木放在他的旁边，他很本能地将小棍儿插到了积木的小孔里，他惊喜地发现他的“路灯”立起来了，而且很稳，我立刻对他竖起了大拇指，他看着我笑了。看着孩子脸上满意的笑容，我知道其实我自己也成功了。

（吕小晗）

案例4　最好的滴水工具（小班）

今天像往常一样，孩子们兴致勃勃地来到美工区，可一打开调色盒发现里面的颜料有点干了。我看到黄滢睿正拿着水杯往里倒水，可是因为调色盒的小格子太小，水一下子都溢了出来，根本就分不清里面的颜色了，几个孩子开始埋怨起来，我看看黄滢睿问：“怎么回事?”她委屈地说：“我们想用水粉画画，可是颜色干了，我就往里倒水，一下子就这样了。”看到孩子无辜的眼神，我没有批评她，只是将颜料拿走又重新调了一盒。过了几天的一次区域活动，赵天铭跑来告状：“黄滢睿又把颜料弄脏了。”我过去一看，她正拿着娃娃家带嘴的小茶壶往里倒水呢。看着孩子两次的行为，两次使用的不同工具，我觉得黄滢睿已经调整了工具，说明她已经获得了一定的经验，应该继续把探索的机会留给孩子。于是我马上找来了孩子们经常用的几种工具：水杯、小茶壶、小药瓶、塑料吸管，请孩子们用自己认为合适的工具进行尝试，在尝试中孩子们发现，滴管明显比水杯类的工具好用，但由于颜料盒里的小格子太小，一挤水还是容易溢出。经过几次的探索后，孩子们发现用滴管吸水时不要太多，挤的时候不要一下将水挤出去，要轻轻地滴上两滴水正好。这下，孩子们可以自己准备颜料了。

（袁慧颖）

五、指导幼儿的游戏水平

在区域活动中，教师指导幼儿的最终目的就是促进幼儿的游戏水平向更高阶段发展。根据维果斯基的最近发展区理论，教师的指导要落到幼儿的最近发展区内。那么，如何寻找幼儿的最近发展区呢？最重要的是教师要根据各个区域的关键经验、教育目标和幼儿的行为、语言评价幼儿的现有水平。然后把最终要实现的目标通过难度分解，找到离幼儿现有水平最近的发展目标，通过创设情境或提出启发性问题等方法对幼儿进行指导，从而使幼儿的游戏水平不断提高。

区域活动虽然只是一日活动中的一个环节，但其中涵盖着多领域、多学科的教学规律及关键价值，又因区域活动是以幼儿自主活动为鲜明特征的，是促进幼儿主体性发展的关键环节，因此，对师幼互动的质量提出了较高的要求。现仅将各个区域中指导幼儿游戏水平的部分案例呈现出来，以给读者一些有益的启示。

案例1　会变的脸（大班）

九月初，我和孩子们一起开展了“我长大了”的主题活动，在完成“我的变化”这一活动后，有两三个小朋友在美工区画起了自画像。但是接连两天，我发现一个问题：孩子们画的自画像虽然颜色鲜艳，装饰漂亮，但五官造型都是一样的，并没有画出五官的不同特点。于是我在区域评价时，向小朋友提出了问题：“今天老师请你们欣赏几个小朋友在美工区画的自画像，你们猜猜这幅自画像画的是谁？”小朋友们凭借自己的猜测说了起来，这时候，张博萱举起手来，大声说："他们画得都差不多，看不出来是谁。"我又问："那小朋友们怎样才能画得像自己呢?"大家议论了起来，有的说："照着镜子画吧。"有的说："照着自己的照片也可以。"有的说："可以两个小朋友面对面的画。"我说："你们的办法都很好啊. 明天你们去试一试吧!"第二天，真的有小朋友带来了镜子和照片。活动区时，孩子们在仔细观察照片、认真看镜子里的自己的基础上，面部的各个细节的确画得更细致了，但总体来说，自画像的差别不是很明显，缺少对主要特征的描绘。

活动后，我首先对美工区小朋友能表现五官的细节给予肯定，随后，提出了新的问题："小朋友都有眼睛、鼻子、嘴，可是为什么长得都不一样呢?"随后我请面部特征比较明显的几组小朋友到前面来，请小朋友一组一组来观察，孩子们通过观察比较得出了：有的小朋友是双眼皮，有的小朋友是单眼皮；有的小朋友眼睛大大的，有的小朋友眼睛小小的；有的小朋友眼睛长长的，有的小朋友眼睛圆圆的；有的小朋友鼻子大，有的小朋友鼻子小；有的小朋友嘴唇厚，有的小朋友嘴唇薄；有的小朋友脸大，有的小朋友脸小……通过讨论，孩子们对面部特征的认识更深刻了。从孩子的新作品中，我们发现孩子们能有意识地根据自己不同的面部特征来自画像，孩子的自画像开始初具雏形。

这时候，我想：如何能把自画像的活动深入下去，使孩子们的表现形式更加丰富？我考虑从两个方面来入手，一个是投放各种不同画法的画像引导孩子们进行欣赏，有油画像、卡通画像、写生画像、素描画像等，增加他们对自画像的感知经验。二是投放了不同的工具和材料，引导幼儿自主运用各种材料及多种工具来进行自画像创作。各式各样的画笔在孩子们的手中挥舞起来，橡皮泥、豆子、扣子等废旧物品也成了制作自画像的材料。孩子们的创意是我所没有想象到的，自画像五花八门，极具个性，充满艺术感。

（刘光瑾）

案例 2　什么时候浇花（小班）

我们班自然角中种了几盆花，孩子们照顾植物的热情很高，总想着给花浇水。

一天，贝贝浇花的时候，吃惊地叫起来："老师，这盆花里有很多水呢?”大家都跑过来看。“这盆里也有很多水。”我问大家:“为什么会有这么多的水呢?”“大家浇得水太多了。”我把花里的水倒出去了一些,但是两天后,小花还是死了,大家心里都很难过。“为什么花会死呢?”我把问题直接抛给了大家,孩子们都说是因为浇的水太多了。我便和孩子们一起讨论:“我们应该什么时候浇花?”“每天浇一次。”“它渴了的时候再浇。”我追问:“那怎么知道它渴不渴呢?”“就是,小花又不会说话。”我神秘地拿出了一盆干干的需要浇水的花(邻班借的),又从自然角里找了一盆湿湿的花,让大家观察比较这两盆花有什么不一样。

“你觉得哪盆是该浇水的呢?”孩子们通过观察比较,告诉了我是这一盆。“为什么?”“老师,你看这盆花的叶子有点向下了。”我点点头说:“叶子有些蔫了。”琳琳说:“就像生病了一样。”洋洋说:“这盆土干干的,那盆土湿湿的。”我进一步提示:“你们再来按一按这里的土,感觉一下。”大家又一一按了按两盆花的土,感到了土的不同。我说:“你们喜欢照顾植物,这样很好,但我们在浇花的时候要先观察,不能想浇水就浇水,水太多了也会把花淹死的。”

此后,大家在浇花前都会先看一看,用手指按一按,然后再去浇花。孩子们已经能更加合理地照顾我们的植物朋友了。

(梁海谊)

案例 3　快乐的阅读区(小班)

《滴答滴答》是孩子们特别喜欢的儿歌,里面有孩子们喜欢的小动物,他们喜欢边说儿歌边做动作。一个偶然的机会,我听到小宝边说儿歌边结合自己知道的小动物加了两句话——“小燕子飞来看”“小蚂蚁爬来看”。见他这样有创意,我也受到了启发,我收集来了各种各样的小动物图片,把它粘贴在语言区的墙上。

并在讲述角的墙面上贴上了这首儿歌,用更形象的方式代表儿歌中相应的词语。我在旁边放上了两个口袋,一个口袋中装上了各种各样动物的图片,另一个口袋里是动物相应的动作方式。

乐乐走过来,她很快选好了儿歌图片,并把小动物图片分别插到了小袋子里,然后讲述起来:“小燕子来了,小兔子来了……”见她只是说出上面的小动物,我便走过去对她说:“讲得真好啊,你的儿歌我也会讲,但是我还要再插一些卡片。”说完,我将相应的动作方式图片插在了动物后面。然后，一边指着图片一边说儿歌："小燕子飞来看，小兔子跳来看。"我特别强调了小动物的动作"飞"和"跳"。"你看，这边口袋放小动物，这边口袋是放小动物喜欢的动作的。""哦。"她点了点头。接下来，有很多孩子也来到这里，他们边选小动物图片边做动作说儿歌，小动物卡片让阅读区充满了欢乐。

（梁海谊）

案例4　谁来演大灰狼（大班）

《小红帽》是孩子们从小班就非常喜欢的故事，很多幼儿都能完整讲述。因此，孩子们对排演《小红帽》感到信心十足。

经过一番细致的准备之后，终于要开始排练了。哪知第一天排练就遇到了一个很棘手的难题，"老师您快去看看吧，我们没法演了！"艺儿（艺儿被聘为剧团的团长）着急地来请援兵。"怎么了，大家不是准备得很充分吗？"我边走边询问。"是呀，可是他们都想演'小红帽'，谁也不愿意演大灰狼。"我一下子明白了，大家都喜欢漂亮善良的小红帽，谁会喜欢邪恶丑陋的大灰狼呢！但是所有的剧目里都会有正义与邪恶的对抗，都会有好人与坏人之分，这是孩子们必须要面对的问题。"艺儿，你是团长，是不是应该想想办法？"艺儿为难地说："我是旁白，没法演。"看来最善于协调关系的艺儿也退缩了。于是我说："那今天你们聘我当特约演员吧，我来演大灰狼。"孩子们一下露出既窃喜又吃惊的表情。一场排练下来，我把大灰狼演得惟妙惟肖，当"大灰狼"掉到河里淹死时，大家都鼓起了掌。"老师您演得真像，刚才我都有点害怕了。"昭含崇拜地说。"我哪里演得像？"趁热打铁是最有效的教育手段之一。"您走路的样子特别像。"欣月说。"您说话的声音像，语气特别好。"艺儿说。"我觉得您眼神特别像，艺儿讲到大灰狼转眼珠时，您的眼珠也转了。"昭含边说也边转着眼珠。看到孩子们分析得这么到位，我心里暗自高兴。"对，你们说得都特别好，看表演的人会不会记住大灰狼呢？""会！"大家异口同声地说。"为什么？"我继续追问。"因为它太坏了。"欣月抢着说。"因为老师演得太像了，如果不像大家就不会记住了。"机灵的昭含说。"你们说得特别好，今天我还想给你们讲几个关于狼的故事。""真好，太好了。"孩子们都兴奋地搬着小椅子坐到了我的身边。

我开始讲了："你们知道吗，狼其实是一种特别聪明的动物，它们互相帮助、团结，每次捕猎时它们都会分工合作……狼还很善良，狼妈妈不但养育自己的孩子，还养育人类的孩子……狼也是人类的好朋友……”我给他们讲了有关狼的美好品质的真实故事，孩子们听得特别入神。我接着问：“这回你们觉得狼是什么样的动物呢?”“老师，狼太聪明了，狼妈妈和我们的妈妈一样。”“我觉得狼特别聪明，它们知道人多力量大。”“你们说得都很对，狼很凶狠，但也有很多好的品质。”在听完故事后，孩子们脑海中狼的固有形象被打破了，他们对狼有了新的认识，这样从他们心里就不再那么强烈地排斥演狼了。但是在今后的表演中他们还会遇到更多的坏人形象，难道都要老师去为他们一一化解吗？看来要让孩子们真正理解表演的内涵还需要另下工夫。

第二天，我找来很多扮演过“坏人”的大明星的资料制成幻灯片，让孩子理解演员表演的真正目的是演得像不像，而不是角色美不美。这些人虽然经常演坏人，但也得了大奖，也被人们记住。我还让孩子们回家和父母一起收集世界著名丑星的资料，让他们理解角色的扮演。

一周之后，我们大二班排演的童话剧“小红帽”会演了，昭含的妈妈在看了表演后问她：“人家女孩都演小红帽，你怎么想演大灰狼呀?”昭含自豪地说：“老师说我演的大灰狼比男孩子都像。”我和昭含妈妈都欣慰地笑了。

（左春蕾）

案例 5　喂娃娃（托班）

烁烁是位托班小朋友，在活动区时间，我发现他每天都会选择一个用奶粉桶自制的给娃娃喂豆豆的玩具。他在捏豆豆喂娃娃的时候，大拇指和食指不是指尖相对捏起，而是捏的时候这两个手指的位置有些错位，豆子经常很难捏起而掉落在地上。而且在喂娃娃的时候他的眼睛会离开手，而不是专注于手的动作上。这个对于其他幼儿都很简单的游戏，在他身上我们还需要付出更多的努力。观察到此种情况之后，我重新制作了一个墙面玩具——娃娃脸，张着小嘴巴，下面连接一根长长的弯曲的塑料管。玩时，首先用游戏的口吻说：“小娃娃都饿了，咱俩一起来给他喂豆豆吧!”然后便将大拇指和食指指尖相对，一张一合地做着捏的动作，并请他和我一起做动作，边做边说：“手指变成小夹子，一粒一粒夹起来，眼睛看着小嘴巴，一粒一粒喂进去，娃娃吃饱真欢喜。”我一遍一遍地带领着他边示范边说儿歌，烁烁也在我的鼓励下捏起一个豆子放到娃娃嘴里，这时他惊喜地发现豆豆滑走了，烁烁闪动着眼睛找了半天，突然发现瓶底的小豆子，他自豪地笑了，并又主动捏起了第二颗豆子，看到孩子有了兴趣，我鼓励他继续尝试，渐渐的，烁烁能够用两个手指较为准确地捏起小豆子，专注力也明显提高了。

（朱艳红）

第三节　区域活动后指导幼儿收拾整理

收拾整理是指区域活动结束之后，幼儿对操作过的材料及使用过的环境进行分、捡、摆放、打扫等活动。由于这些活动对幼儿来说有特殊的价值与意义，因此，它成为区域活动中一个独立的环节。首先，幼儿在操作使用材料之后，进行收拾整理，能够培养幼儿对环境的责任感，使幼儿觉得自己应该对使用过的材料负责；其次，在收拾整理的过程中，幼儿还学习了劳动的技能、感受到经过自己的劳动，环境变得清洁、整齐，学会与他人分工合作，从中体验到了劳动的快乐与价值；同时，在这个过程中，幼儿自己动手，自己动脑，并获得成功，不断地证明自己是有能力的，是环境的主人，独立性和自信心也随之不断地增长。根据收拾整理中易发生的问题，我们从以下几方面提出收拾整理的指导要点。

一、指导幼儿收拾整理的先后顺序

在收区的过程中，教师常常遇到这种情况：播放收区音乐后，每个幼儿都在收拾整理玩具材料，当老师巡视一周回来后却发现，整个区域环境仍然像没收过一样凌乱不堪，这时候教师往往会产生急躁情绪，还不如自己收拾来得方便。其实，很多时候幼儿都非常喜欢动手整理各种物品，然而复杂的环境与琐碎的物品会让他们感到措手不及，因而无从下手。如美工区、小餐厅、娃娃家、科学区等区域，玩具材料比较繁杂，地面与桌子上都有物品，在这样的环境下幼儿首先会遇到收拾整理的顺序问题，需要教师给予及时的关注。

案例　我们自己来收拾（中班）

中班幼儿用剪刀已经越来越熟练了，最近他们又喜欢上了剪窗花。

各式各样的窗花贴到了窗子上，让班里一下子就充满了过年的气氛。但是在收拾整理的时候，问题出现了：美工区的桌面上、地上，到处都是碎纸片。开始，孩子们只是用手来捡，对于很多碎纸片，就由老师来扫。中班幼儿已经能够尝试自我服务了，所以我想让他们自己收拾打扫美工区，于是，我在美工区投放了小笤帚和簸箕。

一天，非凡和静宜两个人在美工区里玩，收拾的时候，非凡发现了小笤帚，问我："我来扫扫可以吗?""好啊。"我肯定地回答他。他马上拿起笤帚扫了起来，扫了半天才把一小块地面扫干净，但静宜在收拾桌面上的碎纸的时候，又从桌上掉下许多碎纸片。非凡生气地叫了起来："你看，我刚扫干净的，你又给弄脏了！"静宜不高兴地说："我在收拾桌子上的纸呢。"我走过去问："如果地面已经打扫干净，收拾桌子的时候掉下来的纸屑还会把地面弄脏，这怎么办呢?""应该先收拾桌面，不然我就白扫了。"非凡说。两个人又一起收拾桌面。桌面上收拾干净后，非凡拿起笤帚正准备扫地，静宜又发现椅子上还有纸屑，就说："等一下，这还有呢。"非凡发现椅子下面的纸屑很不好扫，笤帚进不去了，他赶快喊静宜来帮忙，静宜抬起了小椅子让他来扫。我走过去，将椅子搬到了墙边，两个人对视了一下，很快明白了我的意思，他俩很快把其他的椅子也搬到了墙边，这下非凡扫得又快又干净。看来，扫地之前要把场地腾出来。他们发现了收拾的先后顺序，并在评价的环节和大家做了交流。

（梁海谊）

二、指导幼儿收拾整理的方法

在收拾整理的过程中，幼儿要用笤帚扫掉在地上的纸屑，要洗抹布擦桌子，要按标记对应摆放物品，要清洗一些器具，要把衣物叠放整齐……如何能够在短短的时间里让幼儿收拾整理得井井有条，忙而不乱呢？指导幼儿收拾整理的方法、技能就显得尤为重要，而指导的关键是把动作细节分解，并排列顺序，形成动作的系列，这样幼儿就能很好地掌握动作要领了。

案例1　我会扫地（中班）

这一天美工区活动结束后，寒寒来扫地，他东扫一下，西扫一下，扫了好一会儿，也没有扫干净。嘴里还喊着："真累呀！"我走过去说："想想怎么才能更快地扫干净呢?"他摇了摇头，"应该从哪边扫起呢?"

“这边。”“对了，应该从最远处扫起。”他拿着笤帚走到了墙根，扫了起来，但仍然是东一下，西一下。“来，看我扫一下。”我拿过笤帚，示范了一下，“扫地的时候，要往一个点扫。”他扫了起来，有的地方没有扫到，我握住他的手：“一下挨着一下扫。”终于，他扫得很好了。很快地将纸屑扫到了指定地点。静宜拿起簸箕，两个人配合着把纸扫了进去。

在倒纸屑的时候，静宜直接就把簸箕立起来，有一部分纸片撒到了垃圾桶外。我凑过去，让寒寒把纸扫上来，然后示范倒的正确方法——把簸箕倾斜了一下，再慢慢地抬起手臂，让垃圾滑下去。静宜在一旁看得很认真，再次倒时她很顺利地把纸倒了进去。

中班幼儿自我服务的意识增强了，在劳动中他们学会了扫、搓等技能，这让他们感到自己长大了，是环境的小主人，在维护环境整洁的过程中他们的责任感也日益增强。

（梁海谊）

案例2　我爱收地垫（小班）

开学初，由于班级活动室面积较小，我班的建筑区开在了楼道的拐角处，而每天的“收地垫工作”则是建筑区收拾整理环节的重要任务，对于小班幼儿来说，他们有收拾的意识，但却缺乏收拾的方法。

今天，洋洋、涵涵和东东在建筑区活动，听到收材料的音乐后，几个人争先恐后地收拾起来。不一会儿垫子上的材料就收好了，涵涵说了一句：“我收完了。”就跑去喝水了；洋洋有点生气，使劲拽下一块垫子扔在一边；东东则把垫子往一起堆，堆得高高的，有的垫子滑到了楼梯上。看到楼道里七零八落的垫子，我不禁皱了一下眉头，突然，一个好主意油然而生。

评价环节时，我拿了一块很脏的垫子，以“垫子哭了”设置了一个故事情境，小朋友听得可认真了。“怎样才能让垫子朋友变干净、变整齐呢？”我把问题抛给了孩子，“不乱扔”“一块一块收”“轻轻放一起”……一些幼儿能说出收拾的方法。“仔细看一看，地垫的两面有什么不一样呢？”大家沉默了一会儿，子墨惊喜地说：“一面麻麻的，一面滑滑的。”“好，我们给它起个名字，这面是地垫的脸蛋，那面就是它的后背，后背总是挨着地，容易脏，所以收的时候要怎么办呢？”“别让脸挨着后背。”昆昆和昊昊大声说。看到孩子们的发现，我不禁冲他们伸出了大拇指。随后，在我的带领下，大家又一起创编了儿歌："小地垫，找朋友，找到朋友拉拉手，脸对脸，贴一贴，排排站，不出队，干干净净笑嘻嘻……"我们又把儿歌做成了墙饰。这回再到收地垫时，孩子们会边说儿歌边收拾，地垫总能收得又干净又整齐。

教师运用小班幼儿的"泛灵"心理，把地垫的正面比喻成地垫的"脸"，又把地垫的背面比喻成地垫的"后背"，使枯燥的整理方法在有趣的情境中很快被幼儿理解。同时利用幼儿感兴趣的儿歌帮助他们提升收拾整理的方法，使"收地垫"这一活动不再枯燥。

（王永涛）

案例 3　娃娃家的收拾整理（小班）

娃娃家是孩子们喜欢的区域，在这里他们可以再现生活情景——切切菜、做做饭、抱抱娃娃，充分地感受扮演角色的快乐。但是，由于活动区材料多，幼儿在收拾整理方面有着一定的困难。

一天，活动区收拾整理活动结束了，孩子们陆续坐回座位，准备进行活动区小结。可是我却看到：一会儿一个孩子走出去捡一个香肠，一会儿一个孩子捡半个苹果，娃娃家的两名幼儿把餐具、食品、娃娃堆满了一柜子。看来孩子们在收拾的方法上还有问题。于是，我们的活动区评价很快转向了娃娃家的收拾整理。首先，我带领幼儿分批到娃娃家进行参观，并询问："你们到娃娃家感觉怎么样？"幼儿齐声说："太乱了。"于是，我将柜子正面展示给孩子们看，我拿起炉灶，指着柜子上炉灶的小照片标记说："这是炉灶的家，我把炉灶放到这里。"之后又拿起锅说："这是锅，用来做饭的，它的上面还有一个像帽子似的盖子。"我此时用手边指柜子上的照片标记边说："这是锅的家。"在示范几次之后，我便请能力强的幼儿先尝试整理，晓晓接过我手中的切菜板，用小眼睛在柜子中寻找着，然后将切菜板往标记处一放，不管是否摆放整齐，就回到了自己的座位上。我边摆正菜板边说："小菜板摆得正，柜子整齐笑盈盈。"之后便请幼儿和教师一一对应着摆放整齐，边摆边说儿歌："柜里的东西摆整齐，小小娃娃真欢喜。"

（朱艳红）

三、指导幼儿分工与合作

在幼儿收拾整理的过程中，我们常常发现：幼儿会为了谁用笤帚扫地争执起来，或是抢着清洗毛笔和颜料盒，而其他工作却无人问津。出现这些情况是因为幼儿自我意识较明显，他们只关注自己看到的或感兴趣的事物，不会从整体上审视整个区域里有哪几件收拾整理的工作要做，意识不到如果别人做一件事时，自己还可以做哪些事，这些事情合起来就是全部的工作。因此在收拾整理的过程中，培养幼儿分工与合作的意识和能力就非常重要。根据幼儿的年龄特点和能力水平，指导幼儿分工与合作常在中、大班进行，而小班幼儿要在教师的引导或参与下进行。

案例　桌子变干净了（大班）

在美工区活动的幼儿多，使用材料的种类多，活动结束后废弃物也很多，所以收拾整理是一件很不容易的事。我们班的美工区处在教室较重要的位置，占地面积也相对较大，如果收不完，则会阻碍班里其他活动的顺利进行。怎样解决这些问题呢？我把问题给了孩子们。活动区活动结束后，我请美工区的小朋友跟大家交流收拾的情况，李畅说："收玩具时就我一个人收，他们都走了。"浩浩说："我没走，我去水房洗水笔了。"我又问了几个不收拾就走的小朋友："你为什么不收就走了啊？"安安说："我先去喝水了。"齐齐说："我去帮别的区的小朋友收拾玩具了。"剩下的几个小朋友不好意思地低下了头。我说："今天大家一起来出主意，想办法吧，怎样收才能收得又快又好呢。"乐乐说："应该大家一起收。"高高说："收完了才能离开。"李士一说："人多力量大，大家一起收就能收得快。"

第二天收玩具前，我又叮嘱了美工区的小朋友："看看你们今天收玩具需要用几分钟，好不好？"收区的音乐响起，只见美工区的小朋友收好自己的作品后马上行动起来了，有的小朋友捡碎纸，边捡边玩；有的小朋友手里攥着剪刀、胶棒、水彩笔，忙得一团糟；还有两个小朋友为抢着收彩笔争吵了起来。过了半天，桌子上一些零零碎碎的材料还没有人收，我又把问题提了出来："为什么今天大家一起收，可还不是很快呢？"小亮说："他们老抢。"又有小朋友说："他们边收边玩。""收的太乱了，有的东西没人收。"……我问："你们想想办法吧，怎么收能又快又干净呢？""商量好了，一人收一样就不用抢了。""收那些没人收的。""不能趴在地上捡东西。"……"你们说的这些办法都不错。"我最后总结说。

第三天，收玩具前，我小声问齐齐：想收什么，他说想收剪刀，我又问乐乐想收什么，他说想收彩笔，又问了滋滋，她说她想收剪刀，“哦，齐齐也想收剪刀，你们商量一下可以吗?”商量后，齐齐说：“你收彩纸吧，我收剪刀。”滋滋想了想：“好吧，下次我收剪刀。”音乐响起了，美工区的小朋友按自己的计划开始行动，有收拾东西的，有摆东西的，还有扫地的，两三分钟的时间就收拾得干净整齐。我把他们收拾的过程录了下来，放给孩子们看。美工区的小朋友自豪地笑了，感受到了分工与合作的意义。其他小朋友看到了科学合理地收拾方法，也决定去试一试。

（刘光瑾）

四、指导幼儿进行特殊材料的收拾整理

在收拾整理的过程中，幼儿还会遇到一些比较特殊的材料，主要有以下几种：危险的材料，如针、刀等；有特殊性质的材料，如磁铁、陶泥等，这些材料如果存放不当，性质会发生变化；易混、易丢的材料，如天平的砝码、珠子、拼图等。

幼儿常会因为不会收拾而胡乱地把玩具塞进玩具柜里或是漏放，造成丢失，对于这些特殊材料，教师要引导幼儿认识到材料的特殊性，从而主动寻找收拾整理的好方法。

案例1　一根都不能少（大班）

蓬蓬已经连续三天玩缝沙包的游戏了，昨天他把沙包里装满了荞麦皮，今天只剩下封口这个步骤了。他显然已经喜欢上了这个游戏。他一针针地缝进缝出……终于缝好了。

他用剪刀将带针的线剪断，然后兴奋地跑到我这里：“老师，我缝完了，你看。”看到他开心的样子，我说：“真棒，你的沙包终于做好了，很厉害呢!”他便拿着沙包到处去炫耀。我看到桌子上的针线还没收，有些担心，便想到应当和孩子们一起讨论安全的问题。我请配班教师故意将他用的针线收了起来，然后又走回来问蓬蓬：“你的材料还没收呢。”他走回来，将自己的东西收了起来，在收针线盒的时候，直接将线盒放到了小筐里。我问：“你的针够数了吗?”他重新拿出盒子，数了一下，“4根，少了一根。”他这才意识到少了一根针，便上上下下地找了起来。旁边的小朋友也凑过来，帮忙一起找，结果当然没有找到了。我看蓬蓬

也有些着急了，便告诉配班老师，将针取了出来，并说道："我刚才发现桌子上有一根针，太危险了，就把它收起来了，快放好吧。"蓬蓬马上把针盒拧开，把针放了进去。

在评价的环节，我特别安排大家讨论了这件事情。"你们说针丢了，会怎么样呢?"孩子们回答："要是掉到桌子上，会扎到手。""掉到地上会扎到脚。""对啊，这多危险呢，所以，每次要数一数针，如果少一根，一定要找一找，免得扎着小朋友。"接着，我又示范了收针的方法，孩子们看得很仔细。

（梁海谊）

案例2　磁铁的收拾与摆放（大班）

近来，孩子们对磁铁非常感兴趣，我便从班中的储物箱中找出一块条形磁铁，准备试试磁力后投放，结果发现磁力很小。为了不给幼儿造成错误的认识，我又将磁铁收了回来。又和幼儿一起收集了其他各种磁铁，投放到科学区当中。为了能更加深入地引领幼儿进行科学探究，我阅读了大量关于磁铁方面的书籍。从书中我了解到，对于磁铁的收拾有着特殊的要求：不能敲击和剧烈的振动；保存条形磁铁时，必须把相邻磁铁的南北极倒置合并在一起，并在两端各加一片软铁；保存蹄形磁铁时，也应在两极加一片软铁，使两极连起来；环行磁铁应将几块叠放。看到这里，我明白了为什么我从储物箱中找到的磁铁磁力减弱了，为什么发放给我们的条形磁铁都是一盒两块，两边还放了一块小铁片。了解到这些，使我开始考虑班级磁铁的收拾问题。磁铁的磁力减弱是一个较长的过程，幼儿很难在较短的时间里发现这个问题，因此，这个问题不适于让幼儿主动发现探究，但又不能等到问题发生时再来讨论这个问题。那如何让幼儿明白收拾的方法呢？如果教师一味的说教，幼儿可能不会理解，于是，我在网上寻找了大量的资料，终于在中国科普网找到了一段关于收拾磁铁的 Flash 动画。在收看动画之前，我首先将班里那块磁力很弱的磁铁拿出来，请小朋友将其与科学区的条形磁铁比较磁力强弱，孩子们很容易就得出结论，是科学区的条形磁铁磁力大。"同样是条形磁铁，为什么不一样呢?"孩子们此时的猜想多种多样，有的说："也许它使得时间长了，像电池似的没电了。""我听爸爸说，磁铁一摔就没磁力了，您这个是不是摔坏了。""您这个是不是老不用，就跟人的脑子似的不用就没法用了。”……孩子们的想法千差万别，我便请他们仔细观看动画，从中找出可能的答案。孩子们看得认真极了，他们被一个个磁铁小人深深地吸引。看后他们争相告诉我，可能是放在火上烤的，可能是摔的，可能是收时（盒子两端）没放小铁片，我都一一进行肯定。看来他们已经了解了影响磁力的一些因素了。于是，我开始将问题引向班级的收拾整理上。孩子们在了解方法的基础上，很快找到了答案。找个小盒子，把两块条形磁铁倒着放，在两边再放两块小铁片；蹄形的磁铁找个小盒子装起来，头上放一片小铁片；环形的磁铁给它摞起来；卵球体的磁铁吸在一起就可以了。孩子们自己想出了收拾磁铁的方法，同时也增长了科学知识。

（朱艳红）

案例3　难收拾的桌子（大班）

在科学区，我们投放了油水分离的实验材料。虽然，我一再强调要把水瓶盖拧紧，不要让油漏出来。但是，由于孩子手的劲头小，还是有一些油漏了出来，桌子上、盘子上都是油。收拾活动区的音乐响了，菲菲、洋洋、英汉等几个小朋友开始收拾科学区。菲菲拿着小抹布一下一下地擦桌子上的水，油也随着她的布沾满了桌子。只听菲菲喊：“老师，不好了，桌子上都是油，太难擦了！”我说：“想想办法，你一定能擦干净的。”听了我的话，菲菲又卖力地擦起来。但是桌子还是粘的。菲菲又说：“老师，我使劲擦了，还是擦不干净。”我说：“这上面撒的是油吧！什么才能把油擦掉呢？大家想想。”英汉立刻说：“我知道，我家的抽油烟机就有好多油，妈妈用洗衣粉擦它。”洋洋说：“上回，我的衣服上有油，妈妈用洗涤灵洗干净的。”我问：“菲菲，你说呢？”菲菲想了想说：“用香皂也行。”我说：“那你们可以试试，一会儿把结果告诉我，好吗？”几个孩子擦呀擦呀，只听菲菲说：“香皂也不行，还是粘的。”英汉说：“洗衣粉能擦掉。”洋洋也说：“洗涤灵擦得真干净，王老师您看看。”我走过去说：“擦得真干净啊！这么多油多难擦呀，老师都想不出来这么多的好办法。你们给其他小朋友讲一讲是怎么收拾的。”在评价的环节中，几个孩子自豪地讲了起来，讲完后小朋友都热情地为他们鼓起了掌。

（王志嫒）

第四节　组织幼儿开展有效的评价

提到评价，很多人会想到的是，区域活动结束后，教师组织幼儿进行点评，最终总结幼儿的活动情况。这种评价常常带有教师的意志，缺乏师幼、幼幼之间的积极互动。而这里所指的评价是作为区域活动的一个环节而言，是在收拾整理活动结束之后，教师通过集体或小组的形式，组织幼儿交流、分享、讨论区域活动中的操作经验，以梳理、提升经验，目的是通过评价实现指导的功能，促进幼儿的发展。在这样的评价环节中，首先，幼儿可以回忆自己在活动中做了什么，看看、听听别人都做了什么，从而使自我评价能力及对他人评价的能力得到发展。其次，从操作到表达，需要思维的参与，这样的评价过程不仅发展了幼儿思维的概括性、逻辑性，更重要的是，幼儿在与同伴交流、讨论、分享经验的过程中，实现了经验的建构与整合。

要实现评价促进幼儿发展的功能，教师应重点解决三方面的问题，即“谁来评”“评什么”“怎么评”。

一、谁来评

“谁来评”是解决评价的主体问题。评价环节是为了让幼儿在与教师、同伴互动的过程中获得发展，因此，应本着让幼儿积极参与的原则，促使幼儿通过观察、比较、判断、分析、概括来积极思考，从而内化新经验。评价过程中，调动幼儿的主动性非常重要。对于小班幼儿，由于思维的具体形象性特点，他们分析、概括等能力相对比较弱，语言表达能力也很有限，评价过程中，需要教师更多地进行引领。而对于中大班幼儿，他们自我意识水平不断提高，开始关注同伴，并喜欢通过比较、讨论来解决问题，因此，幼儿可以成为评价过程中的小主人，在教师的引导下，幼儿之间可开展自评和互评。

二、评什么

“评什么”即评价的内容是什么。通过实践中的探索，我们把评价内容归纳为三个方面，即结合目标来评价，针对幼儿社会交往能力、个性品质进行评价，结合幼儿执行规则情况评价。

（一）结合目标来评价

每个区域都有明确的功能与关键价值，也有相应的幼儿发展目标。

例如，感知形体、空间关系，促进幼儿搭建水平的提高是建筑区中的关键目标；发展幼儿通过语言、动作、神态等塑造人物角色形象的能力是表演区的关键目标；发展幼儿角色意识以及交往能力是角色区的关键目标；培养幼儿对数、量、形、时间、空间的感知能力以及思维能力是益智区的关键目标；培养科学的精神、态度，经历科学探究过程，初步获得有关生物、材料、自然现象等的知识经验是科学区的关键目标……教师要对区域活动的关键目标与阶段性目标做到心中有数。在实践过程中，可能会有这些情况，例如幼儿的发展水平长时间没有提高，幼儿的实际发展水平低于区域活动的目标，幼儿的发展水平已超出了教师预设的目标，这就需要教师在幼儿的现有水平与预设的目标之间找到距离，通过评价，引导幼儿向更高水平发展。

案例 1　怎样演更像蛇（中班）

在表演区，孩子们根据自己的兴趣，选择了《蛇偷吃了我的蛋》的故事进行表演活动。我发现他们的角色意识很强，但在运用肢体和语言表现上还有待于进一步提高。于是活动区评价时我问他们："你们谁演蛇呀？怎么看不出来呢？""我，我们忘了说自己是谁了。"婷婷着急地说。"那除了告诉别人你是蛇之外，还可以怎样表演，让大家一看就知道你在扮演蛇呢？"我又问。孩子们有的说可以戴上蛇的头饰，有的说可以学蛇爬行，还有的提议把舌头伸出来，凶猛一点……孩子们在纷纷尝试后还补充："出场前可以说自己扮演的角色，能让人看得更明白。"当乐乐扭动着身体表现蛇的时候，孩子们都说："真像蛇！真像！"我问孩子们："乐乐为什么演得像蛇？""她的手和腰都会动。""她扭得像蛇。""她的眼睛很凶，看起来像蛇。"在讨论中孩子们对角色动作、表情的表现有了更深的认识。

（郝继红）

（二）针对幼儿社会交往能力、个性品质进行评价

在区域活动中，教师除了要关注幼儿在各区关键目标方面的发展情况，还要关注幼儿在活动中社会交往能力及个性品质的发展。我们发现，有时幼儿在区域活动中会发生争执，有时幼儿遇到困难时容易退缩，有时幼儿遇到问题会有急躁情绪，有时幼儿面对困难不会向人求助……与此同时，我们还会发现有的幼儿能克服困难坚持完成一项活动，有的幼儿会与同伴商量解决争执，有的幼儿当别人都离开区域后，还在细心地

收拾丢在那里的物品……可见，幼儿在社会交往及个性品质方面存在着种种差异。在学前期，培养幼儿社会交往能力及良好的个性品质对其一生的发展都有重要意义，而区域活动恰好提供了自由交往的空间，让幼儿的个性得以展现，教师要抓住这个教育契机，在评价环节适时加以关注和引导，真正促进幼儿富有个性的发展。

案例2　我们的昊天广场（中班）

孩子们对搭建昊天广场很感兴趣，他们不仅关注小长廊，对长廊附近的建筑物也开始更加关注了。壮壮每天都来建筑区，每天都会把自己的建筑作品介绍给其他小朋友。今天他来到建筑区和鑫鑫一起商量："我们一起搭吧，这样快，我搭长廊你搭顶子行吗？"鑫鑫表示同意，旁边的齐齐也说："我也来。"壮壮说："你搭圆柱吧，要不然咱们三个人该挤了。"齐齐答应了。三个人于是边说边做。由于事先商量好了，他们的建筑物很快就搭好了。鑫鑫很高兴，说："咱们再搭些路灯吧，还有大树、花坛。"壮壮、齐齐也赞成。鑫鑫说："我们谁搭花坛呀？"齐齐说："我不想搭，我想搭大树和水池。"壮壮说："那我搭吧，鑫鑫你搭路灯吧。"三个人说完又做了起来。等到做好后，活动区也要结束了，很多孩子来到这里观看，都很吃惊，好像在说：他们今天怎么搭得这么快。看到这里，我请孩子们都过来听一听建筑区的小朋友介绍是怎么搭昊天广场的。鑫鑫和齐齐说："是我们一块搭的，所以很快。"壮壮说："我和鑫鑫是好朋友，我们商量好了一块搭的。"我问："你们是怎么商量的呢？"壮壮说："我请鑫鑫和我一起搭长廊和大楼，齐齐搭昊天圆柱，这样又不挤又好搭。"听到这里我请孩子们说："想搭昊天广场，三个人怎样能搭得快？"很多孩子都说："三个人一起搭就快。"我又问："三个人是都一起搭长廊吗？"文文说："不是，我们分着搭的。一个搭长廊，一个搭昊天圆柱，一个搭大楼。"我及时肯定孩子们的做法，并提示他们：当完成一件任务的时候，几个人一起合作干就会干得快。可以给每个人分分工，共同来完成一件任务，就像今天建筑区的小朋友一样。

中班初期，幼儿已经能从关注自己到关注同伴了，交往能力也在逐步增强。教师要及时抓住幼儿在建筑区中的分工与合作行为，组织幼儿总结好的经验，及时强化他们的合作意识。

（郝继红）

（三）结合幼儿执行规则情况评价

这里所说的规则包括区域活动的常规及游戏规则。遵守规则是保证区域活动正常进行的必要条件，培养幼儿的规则意识并不是为了方便教师，而是为了使幼儿掌握正确的社会交往技能，提高社会适应能力。在评价幼儿执行规则的情况时，可以采取一些巧妙的策略来使规则变得生动，让幼儿切实体验到遵守规则给我们带来的便捷，从而达到理解规则、内化规则的目的。例如，利用情境再现法，再现不遵守规则的情境，让幼儿自己发现问题并寻找答案；利用情境对比法，再现遵守规则与不遵守规则的情境，通过对比的方法让幼儿发现问题，并解决问题；利用后果体验法，让幼儿亲自体验不遵守规则的后果，从而把遵守规则内化成自身的需要，从而能自愿、自觉地去遵守规则。

案例3　我是奥特曼（大班）

每周五都是孩子们自带图书的时间，他们可以在图书区分享自己喜欢的图书。近期我发现，很多男孩子都热衷于奥特曼图书，有时甚至到了痴迷的程度，他们还在图书区扮成奥特曼相互打斗，这让我不得不关注起“奥特曼”来。

这周五的区域活动时间到了，壮壮飞快地从书包里拿出他的书，并手舞足蹈地大喊大叫：“看，我的奥特曼书，新买的，我是赛文。”说着，还给大家摆了个姿势，引得别的区的小朋友都围着他看。这时，安楠、高萱也纷纷拿出了奥特曼图书，急不可待地翻看起来。“瞧，迪加奥特曼的武器真厉害。”“泰罗的更棒，一下就把怪物打倒了。”“这是超强火球。”……可没过一会儿，我就听见一阵杂乱的声音，这时，范傲然一脸哭相跑了过来：“老师，壮壮打我。”我抬头看了一眼壮壮，他还在伸着胳膊并神气地冲我说：“他是怪兽，我是赛文。”看他理直气壮的样子，我压住心中的火气，没有批评他……

区域活动评价时，我调整了预先的计划，并请孩子们把所有的奥特曼图书都拿到桌面上，问：“大家说一说为什么喜欢奥特曼？”这下可热闹了，我从来没有见过他们这样积极地讨论过一个话题，“奥特曼特别勇敢，有超能量。”“奥特曼能飞向天空。”“奥特曼是宇宙英雄，能保护地球。”……“奥特曼这么棒，但是咱们班里有怪兽吗？”“班里都是小朋友，小朋友不是怪兽，怪兽是假的，是科幻的。”我边听边点头，并用眼睛不时地看着壮壮，他听得非常认真，我又问："那如果你来当奥特曼，班里又没有怪兽，你能做些什么事呢？"大家纷纷提出自己的想法："小朋友遇到困难了，可以帮助他。""有人打架，可以劝架。""不会做题了，我可以给他讲。"……我冲他们伸出了大拇指，并鼓励大家多带一些不同种类的书，来扮演里面正直、勇敢的人物形象，如哪吒、黑猫警长等。

随后的一段时间里，孩子们依然喜欢带自己喜欢的图书，但打人的现象没有了。一天，我发现壮壮蹲在楼道的地上，好长时间还没有回教室，我正准备问他，见他捧着一堆碎纸回来了，边走还边嘟囔："这是谁掉的纸，真脏。"我冲他笑了笑，用鼓舞的眼神望着他，壮壮更自豪了，经过我面前时，还故意说了一句："您不是说我是奥特曼吗？"

是啊！奥特曼高大、坚强、自信的个性吸引着孩子们，作为教师，我们不能压制他们的兴趣，盲目地否定孩子，而是要因势利导，利用他们感兴趣的资源，引导他们共同探讨，解决问题，这也是孩子们自我发展、自我学习以及同伴间相互学习的过程。

（王永涛）

三、怎么评

"怎么评"是指评价的策略如何运用。评价的策略虽然灵活多样，但教师要考虑幼儿的年龄特点，组织评价环节时，因语言交流较多，而幼儿的思维以具体形象性为主，所以，评价的策略也要考虑多利用直观的方法，最终目的是为了调动幼儿参与的积极性。在实践中，我们总结了以下方法。

（一）作品分析法

即利用作品引导幼儿观察、比较，来分析作品的关键要素、结构，以提升幼儿经验的方法。如美工区幼儿的作品；建筑区的搭建作品以及手眼协调区幼儿的一些作品等。

（二）录像再现

即教师通过录像记录幼儿的活动实况，然后在评价环节针对其中有价值的片段进行回放，并讨论。如拍下幼儿表演区的活动情况，组织幼儿讨论应如何表现角色。

（三）情境表演

即教师通过表演再现幼儿活动中发生的问题，引导幼儿进行讨论的方法。这种方法在指导幼儿社会交往行为时使用得比较多。

（四）讨论法

即教师提出有争议的问题通过引导幼儿表达自己的观点，并与他人的观点进行比较、分析来获得正确认识的一种方法。

（五）记录分析法

即幼儿把在操作过程中的发现、探索的结果记录下来，然后在评价环节交流、分享，以获得正确的认识的方法。这种方法在科学区、益智区较为常见。

（六）行为强化法

即教师观察到幼儿活动中积极正确的行为，在活动结束时给予肯定与表扬，以强化正确的行为的方法。

（七）成果展示法

请幼儿展示自己的作品，让幼儿在展示的过程中获得成功和自信。如故事表演、拼插成果、美术作品等。

案例 1　我会讲故事（小班）

贺贺是一个比较内向的孩子，讲话时声音很小，不敢当众讲话。为了鼓励他大胆的表述，我一直在关注着他。贺贺特别喜欢看书，于是我在语言区投放了故事《唱歌比赛》的手偶，引导孩子们边讲故事边操作。今天，贺贺在语言区操作故事手偶并讲故事，仔细一听，讲得很不错。这不正是鼓励贺贺当众大胆讲话的好时机吗？等他讲完了，我说："贺贺，你刚才讲故事讲得真好，声音不大也不小，讲得不快也不慢，一会儿你给我们大家再讲一遍好吗？"贺贺点点头。区域活动结束后，我请孩子们来到语言区，告诉大家贺贺要给大家讲故事了，请大家认真听。贺贺讲完后，我问："你们觉得贺贺讲的故事好听吗？"含含说："好听。"小雨说："他讲的声音很大。"畅畅说："他能从头讲到尾。"……听到孩子们的话，我说："贺贺讲故事声音不大也不小，速度不快也不慢，我们都能听清楚，希望大家以后都能讲出这样好听的故事。"得到了老师和小朋友的肯定，贺贺脸上露出了腼腆的笑容，以后的几天贺贺特别愿意来图书区讲故事，也更愿意为大家讲故事了。

（王晓光）

案例2　这是我吗？（大班）

插塑区的小朋友收拾玩具时总是不能按照规则去做，集体评价了几次，还是效果不好。于是我考虑了一种巧妙的方法……

今天我特意带了一台照相机，在幼儿收玩具时有意录下了小型拼插区小朋友的收拾情况（大概10分钟）。小朋友们集中坐好后，我先问："怎样收插片才能收得又快又好呢？"冯晨说："大家一起拆。"林星说："收拾完了赶快干下一件事，别四处溜达。"……我说："好啊，你们说得都对，那你们看看电视里的小朋友是怎么做的？"相机早就接到了电视上了，孩子们睁大了眼睛看着，几秒钟后孩子们发现原来电视里是自己班的小朋友，都兴奋起来，边看边说："冯晨扔玩具了。""林星不收拾就走了。""金飒老是瞎捣乱。""齐齐收得好，收了好几筐。"……这次的实录给大家留下了深刻的印象，我请小朋友说说应该怎样做，孩子们都纷纷说出正确的做法。

第二天我又有意识地录下了孩子们收拾的情况，他们都有意识地做得很好，我又请小朋友一起看录像。这次成了表彰大会，被录像的小朋友高兴地一直昂着头笑着。我们对他们的做法一一进行了表扬和肯定。在今后的一段时间里，孩子们收拾整理的速度和效率大大提高了，实录评价的效果非常明显。

（刘光瑾）

案例3　要我帮忙吗？（小班）

活动区结束后，许多幼儿收拾好后纷纷回到座位上。娃娃家的茜茜还在收拾小筐中的物品，齐齐看到了，从座位上跑过去抢过茜茜手里的小筐，嘴里说着："我帮你收。"茜茜撅起小嘴与齐齐争抢着手里的小筐，两个孩子僵持不下。恰巧是活动区结束后的评价环节，我想，应该对幼儿的争执行为做适时的引导。于是，我拿过小筐，对两个孩子说："让小朋友们说一说应该由谁来收玩具，好吗？"两个孩子点点头，我请配班教师和我一起在全班小朋友面前表演了刚才争抢玩具那一幕，请孩子们讨论："如果茜茜正在收玩具的时候，齐齐也想帮助收，上去就抢好不好？"孩子纷纷表示这样做不好，太没礼貌了。"那齐齐应该怎么做呢？"孩子们你看看我，我看看你，一时不知怎么做。

小班幼儿由于缺乏交往的技能，常常需要教师在这方面给一些方法。我告诉孩子："如果齐齐也想帮忙收玩具，应问问茜茜'我可以帮忙收玩具吗？'如果茜茜同意，齐齐就可以收，如果茜茜不同意，应该让茜茜自己收。"并且与配班教师一同把正确的交往方法再次表演了一遍。通过表演的形式，引导孩子解决交往中的争抢问题，易于小班理解与接受。

（任 隽）

案例4 我的小火箭跑得远（大班）

音乐响起后，孩子们陆续把各自区域的材料进行收拾整理。在评价交流时，我请浩浩拿着实验记录表说一说今天的发现。浩浩抑制不住兴奋的神情，得意地说："我今天进行了几次'怎样让小火箭跑得远'的实验，我发现把气球粘在后面比粘在前面跑得远。我还发现把气球吹得越大，小火箭跑得越远。"说着，他拿着记录纸给我们展示着，边指边说："这是第一次，气球在上面小火箭跑到了黄线；第二次气球粘在了后面，小火箭都跑到门口了。后来我又试了两次粘在后面，都比粘在上面跑得远。"听浩浩这样说，宇晗说："我昨天也玩的这个，把气球粘在小火箭头上了，结果火箭老是打转，我试了好几遍呢，明天我再用你的方法试试。"很多孩子也对这个实验开始感兴趣了，七嘴八舌地讨论着。见他们这么兴奋，我提出："明天科学区试试浩浩的发现，如果你们还有更好的办法使火箭跑得远，就告诉大家，周五咱们进行'小火箭比赛'。"我期待着孩子们的发现。

（郝继红）

在实践的探索中，评价的策略还有很多值得我们去发现、创新，它要求教师充分运用教育智慧，结合对幼儿活动中的观察，巧妙地加以利用，从而促进幼儿的发展。

第四章　区域活动开展的有效支持

第一节　转变管理模式，保障区域活动的全面有序开展

《纲要》的颁布，为我们注入了新的管理理念，教育管理要为教师、教学提供支持与服务，其核心思想就是要为教师创造更大的自主空间，最大限度地发挥教师的主动性和创造性。区域活动研究中我们也深刻地体会到，一切教育的变革应始于管理的变革，只有我们不断转变管理理念，探索与教育变革相适宜的管理模式，教师才会成为教学的主人，教育改革才会取得实效。

一、调整相关制度，为区域活动的有序开展提供必要保障

以往的幼儿园管理十分重视制度建设，力求通过制度来规范教师的教学行为，却很少考虑怎样使制度适应教育的需要。区域活动研究中，我们发现这种规范管理存在的问题日益突显，有时甚至会成为区域活动开展的障碍。由此我园的教学管理也经历了从让教师服从制度到了解教师教学需求，让制度为教师教学提供保障的转变过程，这一过程也让我们感悟到“管理即服务”的内涵。

（一）调整幼儿作息制度，保证幼儿有充足的区域游戏时间

随着区域游戏研究的深入，教师们逐渐认识到自己要做的工作与幼儿发展之间的关系。例如，区域活动前要为幼儿准备能引发幼儿游戏的环境，如利用玩具柜隔开不同的区域，可方便幼儿选择活动；开区之前将部分玩具材料摆放在幼儿活动用的桌面上，活动结束前指导幼儿自己进行收拾整理活动，方便托小班幼儿选择活动材料及进行游戏活动；活动结束后组织幼儿进行不同形式的区域活动评价，这些环节的活动都有其独特的价值。但一段时间后教师们发现这些环节都需要占用幼儿区域活动的时间，普遍感到幼儿游戏的时间短了，幼儿的一些游戏及探索活

动因时间不充足而无法进行，了解到这一情况后我们及时分析原因，通过调整幼儿作息时间使这一问题得以解决。调整后幼儿作息时间安排（见附表）将区域活动提到了集体教学活动前，这样区域活动结束前幼儿收拾整理不同区域因时间不同，所以如厕、喝水便可以陆续进行，减少了一个集体组织的环节，也节约了时间。除此之外，我们还延长了区域活动的时间，幼儿区域游戏时间由原来的四十分钟增加到一小时。与教师们一起调整了幼儿的作息时间后，幼儿的游戏时间得到了保证，做到可以按自己的意愿进行充分的游戏，在游戏中情绪稳定、积极探索，获得了新发现，建立了新经验，教师们也不再觉得手忙脚乱了。不仅如此，班级教师也发挥了她们的聪明智慧，早餐时间由教师提前为幼儿准备出适宜的区域环境，幼儿进餐后可以直接进入区域活动，减少了不必要的等待。由此，作为管理者我们也感到让制度适应教学需求，为教学提供保障带来的可喜变化。

附表：

原幼儿作息时间安排	调整后的幼儿作息时间安排
7：10～7：30 晨间活动	7：10～7：30 晨间活动
7：30～7：50 早锻炼	7：30～7：50 早锻炼
7：50～8：00 如厕、洗手	7：50～8：00 如厕、洗手
8：00～8：30 早餐	8：00～8：30 早餐
8：30～9：00 集体教育活动	8：30～9：30 区域活动
9：00～9：10 如厕、喝水	9：30～10：00 集体教学活动
9：10～9：50 区域活动	10：00～10：20 如厕、喝水、加餐
9：50～10：10 如厕、喝水、加餐	10：20～11：20 户外活动
10：10～11：20 户外活动	11：20～11：30 如厕、洗手
11：20～11：30 如厕、洗手	11：30～12：00 午餐
11：30～12：00 午餐	

（二）调整教师作息及配班制度，实现对幼儿区域活动的全面关注

当我们把区域活动作为落实教育目标的重要途径后，当教师们认识到区域活动对幼儿的发展价值后，各班教师开始挖掘班级中的每一寸空间资源，为幼儿开设了具有不同功能的区域，幼儿可以自由选择区域、自主探索。然而深入班级观察幼儿区域活动的情况时，我们却发现一名带班教师无法关注到各个区域中活动的幼儿；有的幼儿由于老师关注少，与其互动少，致使游戏长期处于较低水平，有的幼儿由于遇到困难而中途放弃游戏，新经验无法建立；有的幼儿由于一开始就没有明确的游戏目的，始终徘徊观望；有的幼儿由于缺乏交往技能而迟迟不能进入到自己喜欢的区域。幼儿游戏中由于缺少教师关注而出现的种种情况使区域活动的实效大打折扣。与教师们一起分析这一问题后，教师们建议班级三位教师能同时指导幼儿区域活动，才能保证对幼儿区域活动的应有关注，才能使教师对幼儿的指导具有针对性、连续性。吸取了教师的意见后，我们对一些教学管理制度进行了调整。

1. 调整教师配班制度。

不带班教师由原来的半天带班、半天备课改为区域活动、教育活动时配班，同时提倡其大部分时间在班上配合主班教师组织幼儿活动。除此之外，将保育员的配班内容由原来的配合教育活动改为配合教师开展区域活动，在区域活动中担任教师角色，观察指导幼儿的活动。

2. 调整教师作息制度及保育员工作流程。

由于我园户外活动场地小，各年级幼儿需轮流进行户外活动，由此各年级的区域活动也不在同一个时间段，固定的教师作息及保育员工作流程不能保证各年级教师、保育员在区域活动时间配班，为此我们首先调整教师上下班时间，要求上午不带班的教师上班时间根据区域活动时间而定；其次，指导各年级保育员制定相对灵活的一日工作流程，保证区域活动时间能够配班。

3. 调整教师备课制度。

为追求班级中教师和保育员教育的整体性、一致性，我们要求班级中教师、保育员要加强沟通与共研。保证每周一次共同分析幼儿的发展状况，确定教育目标，研究教育对策，使幼儿在区域活动中的发展得以保证。除此之外，教师备课时间缩短后，为给教师减压，我们为不同层次的教师制定了不同备课要求，要求骨干教师备课只备教育重点、难点，在教学计划上只写关键步骤及有效策略；要求三年之内的新任教师备具体、全面的教学计划；对三年以上非骨干的成长型教师，我们要求其精备教育重点、难点，教学计划中着重写教学关键步骤、策略；与此同时要求所有教师要注重课后反思，以不断调整自己的教学思路、策略。一系列教学管理制度的调整，不仅解决了区域活动中幼儿得不到教师关注的问题，也让教师们认识到教师积极观察幼儿的游戏情况，在幼儿游戏中发挥引导、支持作用的重要性，并总结出托小班幼儿游戏时，教师应始终伴随其中，中大班幼儿游戏时，教师要指导幼儿游戏的目的性，指导幼儿在游戏中掌握相关的技能，解决游戏中的困难，引导幼儿游戏不断走向深入。

二、提供个性化的物质支持，为幼儿构建丰富适宜的游戏环境

丰富适宜的游戏环境是幼儿游戏开展的前提和保障，在与教师共同创设区域环境的过程中，我们探索出了一些在物质条件上支持教师的方法。

第一，与教师共同进行班级区域设置，根据区域游戏需求，为各班提供相关的游戏设施。如有的班级利用楼道拐角处为幼儿开设建构区，在楼道中开设拼插区……我们便按场地尺寸为他们定做不同规格的玩具柜，以方便放置游戏材料；有的班级表演区需要挂表演服装的衣架，我们便请后勤师傅为他们制作；大班在“走进小学”主题中，幼儿想开展“小课堂”的游戏，我们便为他们购置了小黑板……个性化的游戏设施配备支持了教师在班级中开展不同的游戏，使游戏环境更适合幼儿游戏的需要。

第二，根据各班区域活动的需求，为幼儿提供适宜的个性化游戏材料。例如，大班在“中国娃”的主题中，为了使幼儿对中国的省、市及分布位置有更多的了解，需要中国地图拼图；大班美工区幼儿制作中国结需要彩线，自制脸谱需要一些定型的白色脸谱；中班美工区幼儿进行色彩活动时，教师准备指导幼儿在区域活动中开展吹画活动急需吸管；大班科学区幼儿在电的探究活动中对电路发生了兴趣，一系列的探究后教师想让幼儿了解电路有不同的连接方式及效果，需要电路板……区域活动中对玩具材料的需求往往具有个性化的特点，在学期初全面规划购买不能满足各班区域活动中随时发生的个性化需求，为支持各班对区域活动的深入研究，我们允许教师随时提出材料需求申请，对合理的需求除积极购买为其配备外，对于可收集的自然物、废旧物我们还会发动各班教师、家长为其集中收集以满足幼儿游戏的需要。

总之，个性化的物质支持不仅满足了幼儿游戏的需要，使幼儿在区域活动中的发展得以保证，也使教师组织区域活动的自主性、创造性得以有效发挥，使区域活动的研究不断走向深入。

三、实行动态管理，为教师科学组织区域活动提供更大的创造空间

（一）允许教师灵活安排活动时间

以往我园的教学管理中要求教师按时组织集体教学活动、区域活动，在区域活动研究中，我们认识到区域活动与集体教学活动均是落实班级教育目标的有效途径，组织幼儿进行集体教学或开展区域活动应从目标出发，进行整体安排，活动的先后也应根据活动需要而定。为此我们保证各年级幼儿统一三餐时间及户外活动时间的情况下，将室内活动分解成大的时间段，教师可以根据需要合理安排活动。例如，美工活动占用的时间长，幼儿完成制作的时间差异大，教师们便会将美工活动安排在区域活动前，这样提前完成制作的幼儿便可以陆续进入区域开展区域活动，减少了等待，也使完成制作较困难的幼儿能够得到教师有针对性的指导。当集体教学活动需要经验准备、材料准备时，教师会组织幼儿先开展区域活动，如在组织幼儿蛋壳创意制作时，教师便与幼儿一起在区域活动时间进行蛋壳的刷洗，以此保证集体活动的正常进行，这样的安排也使幼儿在活动的参与性上范围更广，丰富了更多的经验。当教师需要组织幼儿进行小组活动时，教师们还会将幼儿分成两组，一组先进行集体教学活动，一组先进行区域活动，活动后两组对调，以此保证每位幼儿的充分参与，如春季组织幼儿进行户外种植，不同内容的小组探究活动，教师们都会采用这种方式，灵活安排幼儿的活动，使班级教学实践由一致僵化的态势变得鲜活起来。

（二）允许教师灵活执行活动计划

新的教育理念倡导教师随时捕捉教育契机，发挥一切事件资源的价值，为此我们将教师提前一周备出计划的要求加以调整，要求在提前预设两天活动计划的前提下允许教师灵活调整计划，对有价值的教育契机、教育事件做出及时反应，这一要求的调整也收到了较好的效果。例如，十一长假教师指导幼儿走进大自然、走向农村，长假结束后幼儿来园带来了许多农作物，教师发现幼儿对这些农作物非常感兴趣，便临时调整计划，请带农作物的幼儿介绍，并与幼儿一起对农作物进行分类、整理，之后才把这些农作物陈列在自然角，供幼儿继续观察，对有疑问的问题引导幼儿去寻找答案。在这个活动中，幼儿亲手尝试剥芝麻、摘花生、剥玉米，不仅认识了各种农作物，丰富了相关的知识，还对秋季这个丰

收的季节有了更深刻的体验。灵活弹性地执行计划，不仅扩展了幼儿活动的空间，也使活动的内容、形式更加丰富。

在动态管理模式下诞生的教育活动，不仅让我们深切感悟到了《纲要》中倡导的整合理念，也让我们体会到区域活动的研究不能离开具体的教育实践，不能脱离于其他形式的教学活动，这样区域活动才能焕发出持久的生命力。

第二节　开展专题教研，推进区域活动研究不断走向深入

《纲要》的颁布不仅带来了幼儿园教育价值观的变化，也带来了幼儿学习方式、教师角色的重大变化。《纲要》指出幼儿的学习是生动、活泼、主动活动的过程，强调幼儿在与周围环境相互作用的过程中，主动探索与发现，同时《纲要》还指出，教师要成为幼儿主动学习的支持者、合作者、引导者，要重视环境的作用，要为幼儿创设有适宜结构的、蕴含教育意图的环境，并通过具有促进性的支持和指导策略，来促进幼儿主动学习，使每个幼儿富有个性地发展。在引领教师开展区域活动的过程中，我们对区域活动的认识也在逐渐增加。我们发现，区域活动这种新型的教育活动的组织形式，其中蕴含的教育理念与《纲要》倡导的精神完全吻合，且在这种组织形式中可实现的教育价值绝不逊色于集体教学活动，如有利于幼儿的主动学习，有利于交往能力的培养，有利于幼儿富有个性的发展。如果能深入地研究，不仅会推进区域活动的开展不断走向深入，而且也会使这一研究成为贯彻《纲要》精神的切入点。由此，我园几年来一直将“如何开展活动区活动”作为教研专题，每年又设小专题，有具体的研究目标，以使研究具有连续性、深入性，实现对区域活动全方位、系统的研究。

一、科学选择教研专题，明确研究目标，实现对区域活动的全方位深入的研究

（一）教师对区域活动的认知误区及实践困惑

1. 对区域活动这种课程组织形式理解片面。

走进教师的教学实践，我们发现许多教师片面地认为幼儿在不同的区域、操作不同的材料、进行不同类型的活动就是区域活动，为此常会

看到教师组织幼儿在不同区域进行小组教学活动或集体教学的延伸活动。在这种片面理解下区域活动看似内容丰富、形式多样，但却不能实现幼儿的自主选择、自主活动，幼儿活动的主动性、积极性会大打折扣，个体的需要很难满足，个体差异得不到关注，个性化发展难以实现，区域活动的价值也很难发挥。

2. 教师组织区域活动中的实践困惑。

由于对区域活动缺乏全面、系统的认识，教师在区域环境创设和指导幼儿活动时往往会表现出茫然不知所措；在进行区域设置和投放材料时，许多教师是模仿或照搬别人的做法，而不知结合幼儿的年龄特点、发展需要来设置区域，投放材料；也不知如何使材料物化目标，更谈不上研究材料的层次性、结构性了；区域材料的投放是否适宜，往往以幼儿爱不爱玩儿为依据，看到幼儿由于对材料感到新奇而引发的操作行为，也认为是材料与幼儿需要相适宜。

在指导幼儿区域活动时，往往不能很好地把握教师主导、幼儿主体的关系，看到幼儿参与到一个区域活动中，进行材料操作，便认为幼儿无需指导，当幼儿停止游戏或出现争执时，教师才认为这是指导的时机，而给予积极的干预性指导，而对于如何观察幼儿的活动情况，在观察的基础上为幼儿提供有针对性的支持和引导策略却缺乏应有的思路。教师在设置区域、投放材料、指导区域活动上的盲目使区域活动的实效很难保证。

（二）科学选择教研专题，明确研究目标

分析教师对区域活动的认知和实践困惑，我们认为区域活动作为一种新型的课程组织形式，作为舶来品，教师们多对此缺乏全面系统的了解，在理念层面和实践策略上均为盲区。由此我们认为选择教研专题应是全方位的、系列化的，只有这样才能保证教师对区域活动有全面透彻的认识，另外为使研究能解决教师实践中的困惑，帮助教师寻找到有效的实践策略，我们又在研究每个专题时，有针对性地了解教师的困惑，并结合每个专题的研究要点，制定出明确具体的研究目标，确保每一个专题的研究，每一次教研都有实效，都能帮助教师扩展理论层面的认识，丰富实践层面的策略。下表为区域活动研究的主要专题及研究重点。

区域活动研究的主要专题及研究重点

研究专题	研究的重点
区域活动的概念及价值	区域活动的概念 环境的作用 幼儿活动的性质 教师的角色及作用 开展区域活动的价值
如何创设区域环境	区域设置的原则 不同年龄班如何设置区域 区域材料的投放策略 不同年龄班材料的特点
区域活动中教师的指导策略	开区时教师的指导要点及策略 区域活动中教师的指导要点及策略 收拾整理时教师的指导要点及策略 组织幼儿进行区域活动评价的方法及策略
不同功能区设置及指导策略（积木区、表演区、角色区、美工区、科学区、自然角、语言区）	各个活动区的功能及价值 幼儿的学习与发展线索 教师的指导策略 背景墙饰的创设

二、探索适宜的教研方式，提高区域活动研究的实效

（一）研究中的困惑及思索

在组织教师开展区域活动研究中，我们很快发现依靠讲座、研讨的方式使教师在认知层面上获得的理念很难指导教育实践，向教师传播的实践策略也很难在真实的教育现场中应用。于是我们走进真实的教育现场与教师一起观察幼儿的活动，我们发现区域活动的不定因素太多，环境、幼儿自身的特点、情绪、同伴影响、教师的因素等等同时作用于区域活动，这使得教师个体很难对复杂的教育现场进行科学的分析判断，并采取适宜的策略。“九五”期间“提高我国幼儿师资素质的研究”认为，“幼儿教师任何一个教育理念的真正内化和任何一个教育策略的获得都必须以自己在经验参与式培训和真实实践现场研讨中获得的真切体验为前提条件。”这把我们引向了对有效教研方式的思索，我们应使区域活动的研究走入教育现场，让研究能引导教师科学分析复杂多变的教育现场所寓含的教育契机，做出适宜的判断，并采取有效措施来应对，同时

应使研究建立在教师真实的体验上，让教师能深切领会我们想向教师传达的理念及策略，这样教师才能将之迁移到教育实践中，达到研究推进教育实践变革的目的。

（二）探索适宜的教研方式

对有效教研方式的思索促使我们不断尝试新的教研方式，教研场所从会议室到幼儿活动的场所；教研内容由理念的解读到对儿童行为的观察，对一个案例的深入剖析；研究的问题由原来的预设改为由教师提出困惑；研究的结论由已有的结论变为将教师的发现、感悟、经验、体会加以归纳和提升。在不断地探索中，我们总结出了三种有效的教研方式：

1. 问题引领下的观察研讨活动；
2. 体验式研究活动；
3. 案例分析研讨活动。

多次的尝试让我们体会到适宜的教研方式不仅能大大提高教研的实效，支持教师将认知层面的理念转化为具体的教育行为，应用于教育实践之中。还能使教师参与教研的积极性、主动性大大提高，除此之外，在新的教研方式下，教师们还深切地感受到什么是主动学习，什么是有效的支持与引领。

附录1　三种有效教研方式的特点及教研活动设计思路

一、问题引领下的观察研讨活动

• 应用范围：

应用于一切以观察幼儿为前提的研究。区域活动中教师指导策略的研究、材料投放后调整策略的研究均可采用这种方式。

• 优势：

1. 能提高教师观察幼儿、分析幼儿行为的意识及能力。
2. 使教师牢固树立先观察、再指导的理念。
3. 有利于教师探索出有针对性的指导策略。

• 基本要求：

1. 教研组长要依据研究要点巧妙设计观察的内容。
2. 教研组长要具有较强的解读幼儿行为的能力及概括提升能力。
3. 教研组长要善于运用提问等策略引领教师深入分析幼儿的行为。
4. 提供的观察现场为教育实践中的真实现场。

● 教研活动设计思路：

1. 明确研究问题：如区域活动开区时教师的指导要点及策略。

2. 确定教师观察的内容：如幼儿进行区域选择时的行为表现或游戏是否有目的性等。

3. 选择有代表性的观察现场以便对幼儿行为进行概括，如小、中、大各选一个班。

4. 预设研讨环节的关键性提问，以引领教师分析幼儿行为，适宜的教育策略。

5. 归纳教师的观点，总结出有效的教师指导策略。

二、体验式研讨活动

● 应用范围：

应用于新理念下教学实践中教师共同的疑难问题的研究。如以理解幼儿学习方式或行为方式为前提的研究。

● 优势：

1. 能增进教师对幼儿学习方式、行为方式的理解。

2. 增进教师对某一领域或某类活动关键经验的把握。

3. 有利于教师感悟到改变教学和指导方式的必要。

4. 有利于教师感悟到促进幼儿主动建构关键经验的有效策略。

● 基本要求：

1. 教研组长要巧妙设计教师的体验活动，活动要以教师的亲身经历和体验为主。

2. 教研组长要善于设置启发性的问题，以引发教师进行相应的思考。

3. 教研组长要具有一定驾驭能力和概括提升能力。

● 教研活动设计思路：

1. 明确重点研究的问题。

2. 依据研究问题巧妙设计出教师的体验活动。

3. 预设关键性启发的问题。

(1) 引导教师交流自身在体验中的发现及看法。

(2) 引发教师对学科关键经验、幼儿学习方式、行为方式心理感受的思考。

(3) 引导教师思考促进幼儿主动学习，建构关键经验的有效策略。

4. 小结教师的观点，总结有效的教学策略。

三、案例分析研讨活动

• 应用范围：

应用于新理念指导下教师没有感性经验的教学思路及教学策略的研究。

• 优势：

1. 案例记述的是真实教育情境中的问题及师幼互动行为，分析案例中教学思路、教学策略的应用有利于教师内化新理念并将新理念转化为具体教学思路及教学行为。

2. 案例中描述了对教育问题的分析与反思，有利于提高教师的反思能力。

3. 有利于提高教师分析、解决教育实践中问题的能力。

• 基本要求：

1. 所选案例要与研究问题相符，要经典并能体现新理念下科学的教学思路，适宜的教学行为，要体现对幼儿学习方式、行为方式的解读。

2. 教研组长要善于设计启发性问题，引领教师挖掘出案例最核心的价值，要具有将教师的观点与案例中理念做法对接的能力。

3. 教研组长具有一定的概括、提升能力。

• 教研活动设计思路：

1. 针对教研问题了解教师的观点、困惑、难以内化的观念。

2. 选择与教师困惑及需内化观念相对应的案例。

3. 预设具有启发性的关键提问：

(1) 引导教师关注自己的原有观念、做法。

(2) 引导教师深入分析案例中蕴含的观念及做法。

(3) 采取有效策略将教师观念、做法与案例中观念做法对接，感悟幼儿的学习方式，新理念指导下的教学思路及有效教学策略。

4. 归纳提升，教师达成共识，明确需内化的理念、教学思路及有效的教学策略。

附录2　教研案例

• 研究问题：

区域活动结束前如何指导幼儿收拾整理。

• 研究方式：

问题引领下的观察研讨活动。

● 问题由来：

对区域活动的研究进行了一段时间后，教师们对区域活动不同时间的指导重点有了一定的认识，对区域活动结束前应指导幼儿进行收拾整理也达成了共识，并有意识地指导幼儿做好收拾整理活动。然而在日常下班巡视的过程中，我们却发现教师在指导幼儿收拾整理时缺乏有效方法，有的教师在当指挥，指挥着不同的幼儿收拾不同的材料；有的教师索性放手让幼儿自己收拾，收拾不好的就要求重做；有的教师是性子急，看见幼儿收拾不好的，为节省时间干脆自己代劳……虽然在活动结束时的评价中，教师会表扬收拾整理好的区域或幼儿，但幼儿仍不得要领，收拾整理活动十分混乱。

分析这一现状，我们认为，教师还不清楚收拾整理活动对幼儿发展的价值，指导时缺乏先观察再指导的意识，对收拾整理中幼儿存在的问题不清晰，同时还较少考虑到幼儿的年龄特点，这导致指导方法简单、缺少针对性，使教师的指导效果不佳。于是我们决定组织一次教研活动，与教师们一起研讨“收拾整理对幼儿的发展价值及有效的指导策略”。

● 活动前的准备及思考：

1. 利用日常下班巡视了解幼儿收拾整理的现状及存在的问题，以便对组织教师进行研讨时有充分的思考及预设。

归纳巡视的情况主要有以下几点：

(1) 生活区、益智区等区域材料相对单一，幼儿收拾整理的难度不大，老师稍加指导，幼儿便容易掌握。而美工区、角色区、科学区的材料种类多，收拾整理的方法多样，幼儿收拾整理难度较大，应作为指导收拾整理中的重点。

(2) 在收拾整理活动中，幼儿行为表现差异大，有的幼儿有较好的收拾整理习惯，收拾东西有条理、认真仔细；有的幼儿虽有教师的指导但仍然很草率；有的幼儿对收拾整理活动不感兴趣，收拾一两下便会离开自己活动的区域了。

(3) 收拾整理中普遍存在的问题：顺序性不强，如有的先扫地，再收拾桌面；方法欠缺，如对如何清洗颜料盘，如何快速收拾纸屑等缺乏方法；缺乏对特殊材料收拾整理的常识，如橡皮泥要分颜色，盖盖子等。

2. 思考教研的方式：直接向教师传授的研讨方式不如现场观察生

动，且让人印象深刻，同时考虑到教师指导中缺少先观察再指导的意识，于是决定让教师先观察幼儿收拾整理的情况，再组织交流研讨。

3. 选择观察现场：考虑到不同年龄班幼儿收拾整理中存在的问题不同，为让教师全面了解不同年龄班幼儿收拾整理的情况，我们选择了一个小班、一个中班。小班重点观察娃娃家的收拾整理活动，中班则重点观察美工区、角色区的收拾整理活动。

● 教研目的：

1. 通过现场观察，引导教师发现不同年龄班收拾整理活动中存在的问题。

2. 通过集体交流研讨，帮助教师明确收拾整理对幼儿发展的价值，同时挖掘指导不同年龄班幼儿进行收拾整理活动的有效策略。

3. 在教师心中树立先观察再指导的意识。

● 教研过程：

1. 唤醒教师原有经验。

提问：日常带班时，你发现幼儿在收拾整理活动中存在哪些问题？教师常用的指导方法有哪些？

2. 交代教研任务，提出现场观察的要求。

（1）分两组观察：一组观察中班美工区、角色区幼儿收拾整理活动的情况，另一组观察小班娃娃家收拾整理情况。

（2）观察中要详细记录幼儿收拾整理的行为，可记录一名幼儿的行为，也可同时记录几名幼儿的行为。

（3）只观察，不对幼儿进行指导。

3. 交流研讨。

（1）观察到的收拾整理情况。

小班娃娃家收拾整理的情况：收拾整理的音乐响起，小班娃娃家的桌子上有餐具、茶具，餐具里摆放着水果模型、用橡皮泥制作的食物，烤箱中有幼儿“烤”的食物，地上有散落的水果模型，有三名幼儿参与收拾整理。一名女孩不慌不忙地收拾着小碗里用面泥制作的药丸及食物，她把面泥都揉在了一起；一名男孩很快打开烤箱把里面的食物往怀里一抱便走向玩具柜，他一边走怀里的“食物”一边掉，他顾不上捡，把其余“食物”放到了玩具柜中，转身时，随手捡起了两个放在柜子上就离开了活动区；另一名男孩收拾起餐具中的水果，水果还没收拾完就去收拾餐具了，他没顾上收面泥，连泥带餐具一并放到了柜子上，看差不多了也离开了活动区。只有小女孩把面泥全放在了一起，然后去收拾餐具，将一个一个盖好盖子，准备离开时她看了一眼小床，又去整理娃娃家的被子，整理好了才离去。

中班美工区收拾整理的情况：美工区的孩子们用各种美术形式表现春天，有剪纸、色彩绘画、面泥制作等。收拾整理时间到了，一名幼儿很快跑去拿来一把笤帚，扫起了地上的纸屑，但总扫不干净；一名幼儿在收拾面泥，他把几种不同颜色的橡皮泥一起装进桶里，没有盖盖子，就随便放在了玩具柜中；一名幼儿把剪纸作品放好后，开始收拾桌子上的废纸，一张张地捡起小纸片，捡得非常慢；一名幼儿把桌上的颜料盘和笔拿到水房去洗，一次洗一个，一趟一趟地跑，洗的时候将水开得很大，但都没有洗干净；一名女孩想折桌布，但捡纸屑的女孩不让，两个人争执了几下，有些纸屑掉在了地上，直到捡完桌上的纸屑，小女孩才折桌布，但由于桌布太大，怎么也折不好，最后也放进了柜子里。

中班烧烤店收拾整理的情况：餐桌上有各种食物，如烤肉串、饮料等，收拾整理时间到了，“服务员”们开始收拾打扫，一名幼儿收拾饮料，没收拾完看到另一名幼儿在收烧烤用品很有意思，就也来收拾，还试图把这名幼儿手中的饮料也拿走，该幼儿不给，两人发生了争抢。还有一名幼儿负责收拾桌布，没等桌上餐具、食物收拾干净就把桌布折了起来，折了几下就放在了柜子里。这时棋区收拾完毕，一名幼儿跑过来帮忙收拾餐具，烧烤店的幼儿不让，反复要求后仍被拒绝，幼儿很扫兴。

（2）归纳幼儿收拾整理中的问题。

对以上观察进行整理，教师们认为幼儿的收拾整理活动中主要存在以下几个问题：

①收拾整理缺乏顺序性：不知道先收拾什么，后收拾什么，也没有很好地做到收拾完一种材料再收拾另一种材料。

②收拾整理缺乏方法：不知道应该如何收拾碎纸屑、橡皮泥及清洗颜料盘的方法等。

③收拾整理中不会分工合作：以折大桌布为例，因为桌布太大，一个幼儿无法完成，但是幼儿之间没有合作共同完成。

④收拾整理不够认真：很多幼儿表现出匆忙，不仔细的问题。

⑤幼儿差异大，有的幼儿有较好的收拾整理习惯和方法，而有些幼儿不爱收拾。

(3) 指导幼儿收拾整理的方法。

①示范法：根据幼儿思维发展的具体形象性特点，对于不好收拾的材料、难以掌握的方法，教师应为幼儿多加示范。

②讨论法：对于收拾整理的基本方法、先后顺序、合作、特殊材料收拾时的注意事项等，都可组织幼儿讨论，让幼儿通过讨论，想办法解决收拾整理过程中的问题。

③暗示法：在收拾整理的过程中，积极评价收拾认真仔细的做法，引导幼儿收拾时认真、细致。

④鼓励法：鼓励不爱收拾的幼儿参与收拾整理活动，逐渐引领其高质量的收拾。

⑤评价法：具体评价幼儿好的收拾整理行为，引导幼儿学会科学、高质量的收拾整理活动。

(4) 不同年龄段幼儿的差异指导。

①小班幼儿行动的目的性不强，教师应与幼儿一起进行收拾整理活动，边示范，边指导，引领幼儿参与收拾整理活动，学习收拾整理的方法。

②中班幼儿行动的目的性较小班有所提高，语言表达能力不断增强，可以在教师的提示下独立进行收拾整理活动，教师对幼儿的指导应以示范法为主，辅以讨论法、评价法。

③大班幼儿行动的目的性较强，做事有一定的条理性，抽象逻辑思维开始萌芽，适宜以讨论法、评价法为主，辅以示范法。

(5) 教师提出自己的困惑：幼儿想帮助别人收拾，可以不可以？

讨论：什么时候需要别人的帮助？

结论：想帮助别人的愿望很好，但要事先征得别人的同意，不可勉强。

(6) 收拾整理对幼儿发展的价值。

①有利于培养幼儿的独立性、责任感。

②有利于使幼儿养成做事有始有终的态度。

③提高幼儿做事的条理性。

④使幼儿养成做事认真、仔细的习惯。

⑤使幼儿学会分工合作的方法。

⑥了解常用材料的特性。

- 教研反思：

1. 采用现场观察的方法有利于教师获得多方面的信息，从而发现存在的问题。

2. 教研过程中，教师自己发现问题、归纳问题、思考指导策略，体现了教师主动学习的过程，有效调动了教师的积极性，教师从始至终踊跃发言就说明了这一点。

3. 让教师们一起经历有目的地观察过程，教师们体会到了“先观察再指导”的内涵。有的教师说平时从来没有这么认真地观察过幼儿，观察后发现幼儿存在的问题是不一样的，教师采取的方法也应该不一样。观察活动让教师真正体会到了做幼儿活动的观察者这一角色的重要性。除此之外，教师还认识到，虽然平时也观察幼儿的活动，但因为缺乏观察的目的和对观察结果的及时总结，所以对改变教育行为的意义不大，以后应提高观察幼儿活动的目的性和针对性。

第三节　研究区域活动评价，全面提升区域活动的质量

教育工作评价是教育管理的一部分，《纲要》的颁布促使评价功能的改变，即从甄别走向了促进发展，我园在区域活动研究中注重发挥评价对教师工作的导向作用，努力探索让区域活动评价引领发展，促进发展的方法与策略，在不断的反思与调整后，我们总结出了区域活动评价的思路与做法，有效提升了我园区域活动的质量。

一、动态调整评价内容，以评价引领教师进行实践探索与研究

评价因其可以直接反映教师的工作业绩，反映领导、同行对教师工作的认可程度，因而一直备受教师的关注。我园在实施区域活动评价中，一方面，注重引领教师明确评价的意义——了解自己工作中的优势及不足，找准今后改进调整的方向，避免为评价而评价及教师间的不良竞争；另一方面，巧妙利用评价具有的拉动教师进行研究与探索的功能，在确定评价内容时不求全面，而追求评价能提高教师研究热情并带动教师进行深入研究。为此，区域活动研究之初，我们没有对环境的创设、教师的指导、幼儿的活动情况进行全面评价，而是随着教研内容的确定而确定评价的内容。例如，当我们与教师们一起研究如何科学利用班级空间合理设置区域，如何结合班级目标和幼儿需要有目的地、有层次地投放区域材料时，我们的评价内容就是区域的设置及区域材料的投放，明确

评价的内容，使教师们在教研活动之余，倾其全部心血进行大量的实践研究，每次评价时我们都会感到教师的智慧和创造力是无穷的，她们已大大扩展和延伸了教研中倡导的理念。随着区域活动研究的深入，我们又进行了教师指导策略的研究，于是我们评价的内容又增加了评价教师指导的项目；随着对教师指导策略研究的不断深化，部分教师提出一个人很难关注到各个区的幼儿活动情况，指导的全面性达不到，我们又与教师一起协商调整了相关制度，使配班教师、保育员都参与到区域活动的指导中，这时我们的评价内容又增加了三人配合的内容；当我们在研究教师指导的实效性时，教师们达成共识，有效的指导会不断提升幼儿的游戏水平，于是我们在评价中又增添了幼儿区域活动游戏状态的评价，以引领教师追求区域活动的真实价值；之后我们还增加了区域背景墙饰的评价，以引领教师研究环境，在教学实践中有效地发挥环境的作用。这种动态调整的评价方式，引领教师的日常研究与园内专题教研同步，真正实现了在工作中研究，在研究中工作的追求。

二、动态调整评价标准，以此推进教师理念向行为的转变

任何科学的评价都会有具体明确的评价标准，因为具体的标准是教师行动的指南，教师们会对照标准检查自身的工作，并寻找差距，而后是转变自身行为，朝标准去努力。在区域活动评价中，我们也注重了制定具体明确的标准，然而在评价的过程中，我们却发现评价标准适宜不适宜，是优是劣，还不单纯地由标准是否科学、具体、明确来评判，很重要的一点是它与本园保教工作是否适宜。标准过高往往会由于教师们短期努力达不到，或对标准的内涵不理解而导致放弃努力，因而我园在区域活动评价中会根据本园区域活动开展的情况制定出适宜、具体、明确的评价标准以引领教师将“会说”的理念转变成“会做”。例如，对于区域环境的评价标准，研究之初我们将其侧重于区域设置及投放丰富的材料上，评价标准如下：

1. 能巧妙利用班级场地、空间，合理安排不同区域。
2. 区域设置全面，与本班幼儿年龄特点相适宜。
3. 区域材料丰富，有自制材料。
4. 材料摆放，有相应标记，方便幼儿自由取放。

随着研究的深入，教师们已能较好地发挥班级场地优势，灵活设置适合幼儿年龄特点的区域后，我们又将环境评价标准进行了调整，此时

我们关注的是各个区域材料投放的目标性、层次性及动态性，为此“区域环境评价标准”调整为：

1. 能结合班级目标、幼儿需要投放材料，材料有层次性，自制材料充分。

2. 材料投放具有动态性，能依据幼儿的需要及游戏水平的变化而不断调整材料。

动态调整的评价标准，一方面，能使标准与教师当前的工作现状相适宜，让教师看到希望，并不断地以此作为行动指南，实现对自身工作的改进；另一方面，还避免了长期使用一个标准，导致教师不去深入研究标准背后蕴含的理念的弊端，使教师在日常工作中不断追求创造及质量的提高。在教师们一次又一次地调整自身行为，使自身的教育行为与评价标准相接近的过程中，其实《纲要》中的理念就转化为教师们的行为了，而要实现这一渐变的过程，我们的体会是管理者要善于把《纲要》理念转化为最适宜教师经过努力能达到的行为标准，这也是我们在区域活动评价中尝到甜头的又一做法。

三、研究评价策略，实现评价促进发展的功能

（一）日常评价与终结性评价、亮点评价相结合

在有了明确的评价内容及具体适宜的评价标准后，我们力求以评价推动教师日常工作的规范性，以评价激发教师工作创新，以评价提升保教工作的实效。为此我们探索出了日常评价与终结性评价、亮点评价相结合的思路。日常评价，即以评价标准为依据，采取抽评的方式，由保教工作评价小组成员抽查教师日常组织区域活动的情况，而对各班区域环境创设，教师指导实效，幼儿活动的情况做出全面客观的评价，目的是追求教师日常组织区域活动的规范化，确保每月保教质量有实效。终结性评价，即在每个学期末，采用集中评价的方式，由保教工作评价小组成员及各班教师代表参与评价，重点评价各班区域环境创设的质量、幼儿的游戏水平，目的是引导教师关注阶段工作的实效，关注幼儿的真实发展。亮点评价，即每个学期末由保教工作评价小组成员及各班教师代表对各班教师区域活动研究中的创新进行评价，以此激励教师对自己感兴趣的区域进行深入系统的研究，努力在区域活动研究中形成自己的亮点。

日常评价与终结性评价、亮点评价相结合的思路，实现了日常工作

有规范，阶段工作有实效，各班工作有特色的目的，还在教师中树立了工作注重创新与实效的理念。

（二）在互动交流中进行评价，实现在评价中教师共同成长

为了最大限度地发挥评价促发展的功能，我们还力求让每一次评价取得最大效益，一方面，我们让各班选取教师参与评价，在评价中实现取人之长的目的；另一方面，我们还采取了交流、分享式的评价方法，即每次进行终结性评价及亮点评价前先请被评价班介绍本班环境创设的思路、有效的指导策略及自身研究的感悟。介绍后参评教师可自由提问，这之后评价成员再走入区域活动现场进行实地评价，这样的评价过程便成为教师间交流、分享、学习、感悟的过程，实现在评价中教师的共同成长。经过多次的实践，我们感受到各班教师们会为每次评价付出全部的努力，以最好的水平呈现给评价小组的成员，而参评教师即是评价者，又是最大的受益者。因为他们及时分享到了各班最新的研究成果，这些不仅开阔了他们的思路，也成为激发他们追求更高保教质量的动力！许多教师在评价后说“没想到在自己的园内就有这么多好的经验可学，参加一轮评价比我外出参观一次收获大多了，我还要努力否则就落伍了”；有的教师在参加了一次评价后以后，再遇到有评价的活动，她们宁可放弃休息时间也不愿错过这样的学习机会。由此我们也感到分享交流式评价是我们找到的一种能促进教师共同成长的有效的评价方法。

（三）将评价与反馈相结合，引领教师在评价后及时调整努力方向，改进自身行为

对于被评价的教师而言，只让教师了解评价的结果，还不能真正发挥评价的作用。为了能让教师了解评价的具体情况，从而做到及时调整努力的方向，及时改变不适宜的教育行为，我们还将评价与反馈相结合，根据问题的不同采用不同的反馈方式。在评价中发现的共性问题组织集体反馈，力求在反馈时结合标准举例分析工作中的不足之处，使反馈成为对标准的解读，对教育适宜行为的研讨，成为教师提高的过程。这种反馈既保护了教师的自尊，又能在教师心中树立评价是为提高的理念。对于个性化的问题，我们会在评价后及时进行单独的班级或教师个人的反馈，这样做既不伤害教师，还能使教师对评价结果有全面的理解，并得到有针对性的指导，从而激发教师进一步改进工作的热情与动力。

实践证明，评价与反馈相结合能有效地推进教师工作的不断调整，快速地提升保教活动的质量，我园区域活动的质量正是在这种评价中呈现螺旋式上升的态势。

四、实施多元评价，追求评价的民主性

为体现对教师的尊重，保证评价的公正性，我园在区域活动评价中采用多元评价的方法，让评价人由园长、保教管理者、教师共同担任，实现多人参与评价，尽量减少每个人的主观性，以保证评价的公正性。另外，参评教师是由各班推举的教师代表，这一点又体现了民主性，长期、公正、民主的评价策略，使教师们对评价有了全新的认识，他们能把评价的过程作为提高的过程、学习的过程。

研究《纲要》中评价的理念，探索区域活动有效的评价策略，使我园收获了区域活动质量的快速提高，也收获了教师积极进取的工作热情、不断追求更高的教育理念。

第五章 区域活动研究成果精选

第一节 区域活动案例与论文

一、建筑区

案例1 搭建昊天广场（中班）

幼儿上了中班以后，我发现他们对于小班“搭建动物园”的专题不再感兴趣了，而是喜欢自由搭建。今天，樊朴真将两块弓形的积木对在一起围成了圆形，又在周围摆上了许多小长方形，他说这是昊天广场舞池。随后黄滢睿又搭了一座小房子，他说这是昊天广场的亭子，大家可以在这里坐下来休息。接下来的几天，孩子们都搭建了昊天广场中的一些建筑。看到孩子们对昊天广场这么感兴趣，我想能不能以昊天广场为专题，引导幼儿进行搭建活动呢？昊天广场有明显的长廊结构、桥式结构和封顶。对于中班幼儿来说，搭建这种建筑有一定的挑战性，其他建筑物虽然不十分规则，但幼儿也可以根据其主要特征进行搭建。而且，昊天广场离我园很近，参观方便，是可利用的本地资源。于是，我决定带孩子首先进行一次实地参观来丰富孩子的感性经验。

参观昊天广场

来到昊天广场，孩子们兴奋地介绍起他们常玩的地方。段夕昀：“老师，您看，这是长廊。”趁着孩子们都在打量着长廊，我引导幼儿观察：“长廊是什么样的？”很多孩子说长廊很长，有顶儿、有柱子、有台阶、有长凳……“那长廊有几根柱子？”我接着问道。“十二根。”聪明的侯宇萱马上说出了答案。通过观察，孩子们发现了长廊的基本特征和一些细节。我们用相机一一记录了幼儿所观察到的长廊。随后，我们又观察了舞池、昊天立柱、猿人雕塑建筑……

搭建昊天广场

第二天，我把昊天广场的照片装饰在建筑区的墙面上。区域活动一开始，几个孩子便迫不及待地搭建起来。几个孩子都趋向于搭建长廊，但是，长廊搭好后，孩子们发现，长廊的顶部有高有矮，参差不齐。我想，通过这个问题，正好能增强幼儿对积木高矮的感知。于是，我问道："长廊的顶儿为什么不平呢?"问题提出后，几个孩子左看右看，跪在地垫上趴着往长廊里面看。赵培然将矮一截的顶子拿起来和高的顶子比在了一起，他发现矮顶子下面的立柱比高顶子下面的立柱矮了一截，于是，他拿起一块积木垫在了矮立柱上。黄滢睿与他的做法不同，她将两个立柱放在了一起比了比，然后将矮立柱换成了高立柱。看到两个孩子用不同的方法都解决了问题，我首先肯定了他们的做法，然后引导幼儿观察哪种方法更合适。刘子辰说："赵培然的好，因为垫上积木后立柱就一样高了。"乐诗说黄滢睿的好，因为不用垫积木，看着很整齐。最后，大家一致同意，将所有矮的立柱都换成高的立柱，这样长廊顶部平整的问题就解决了。

刚刚解决了长廊顶部的问题，新的问题又出现了孩子们在你一言我一语地议论着："照片上的长廊是连在一起的，而我们搭的都是分开的，一点都不像!"看着孩子们的作品，我发现，他们虽然掌握了桥式的搭建方法，但每个桥的两个端点不能用积木进行纵向联结，而形成了几个断了的长廊。于是我问孩子们："你们发现的问题真好，那怎么能让长廊不断开呢?"很多孩子都说可以在两个长廊的中间再搭一个积木，我鼓励他们亲自试验一下。当孩子们搭上积木后，虽然长廊连在了一起，但由于联结的积木互相重叠高高低低的，顶子又不平了。怎样让积木不重叠落在一起呢？孩子们又继续尝试，黄滢睿开始移动立柱，她把立柱向右移动了一点，试了试，上面的长条积木还是有一点重叠，再向右移了移，上面的积木正好落在立柱上，不再重叠了。几名幼儿受到了启发，把其他重叠的部分通过调整立柱之间距离的方法搭好了。在这个过程中，幼儿很好地解决了长廊的连接问题。

但随着搭建的深入，孩子们总是有新的发现。今天的建筑区，侯宇萱用长条积木搭出了长廊，樊朴真则用长条和半圆形积木组合搭出了长廊。搭好后侯宇萱指着墙面上的照片说："你搭的长廊不对，不是这么弯的!"樊朴真也指着侯宇萱的说："那也不是直的呀!"两人互相看了看，谁也不承认自己的问题，转而去做别的事情了。看到孩子们的讨论及表现，我想：既然幼儿已经发现了问题，就应该帮助并引导他们解决问题，使幼儿在解决新问题的过程中获得新的搭建经验。于是，我坐在他们中间，首先表扬了他们搭建的成果以及通过细心观察发现的问题，然后引导他们再次观察照片，看看照片上的长廊是什么样子的。樊朴真说："是弯的，像月亮一样。"侯宇萱也说："对，是有点儿弯。""那怎么能搭出弯弯的长廊呢？"樊朴真回答道："用半圆形的积木，我就是这样做的。"侯宇萱马上说："不行，你用半圆形的积木搭得一点都不像。"两个人为此而争执了起来。于是我和孩子们一起找问题，樊朴真所选择的半圆形积木，因为太弯了所以不像，侯宇萱选择长条的积木也不像，那我们要选择哪种积木最合适呢？我引导孩子们在排除了半圆形和长条的积木后，又选择了弧形的积木，结果发现，一个弧形的积木太小，两个弧形的积木对在一起又成了半圆形的，还是不行。最后，他们利用长条积木和弧形积木组合连接，终于搭建出了自己满意的长廊。

当孩子们的观察越来越细致后，长廊的搭建也就越来越真实。昊天广场上的其他设施也相应地被关注了起来，如猿人雕塑建筑、舞池、周围的商场、路灯等。孩子们搭建的广场越来越丰富，新的发现与新的收获都随搭建主题的开展逐渐增多。

在这个过程中我也获得了一些有益的启示。首先，在确定一个专题之前要注重对建筑物的结构进行分析，其中，根据幼儿年龄特点选择搭建的重点和难点是关键，否则，如果关注一个建筑物的每一细节，孩子们不但不易成功，而且搭建水平也不易突破。其次，引导幼儿通过观察、比较发现问题的过程，正是幼儿认知矛盾冲突的过程。教师如果适时地提出问题，引导幼儿思考问题、解决问题，就可使幼儿获得新的经验。这样的问题在搭建过程中不断地出现，不断地被解决，促进了幼儿向更高的水平发展。

（袁慧颖）

案例 2　在搭建中共同成长（大班）

昊天广场位于幼儿园门口的东北角，广场中的建筑物层次简洁，讲究对称与镂空，几个突出的建筑物也各有各的结构特点，成组的建筑群也正是大班幼儿搭建的难点，而且每个孩子都很喜欢去那里玩，他们对广场布局与结构都相当的了解。于是，在开学初我就把昊天广场预设为建筑区的搭建主题。但是孩子们是怎么想的呢？

今天早饭后，我和孩子们聊起天来："我们在建筑区可以搭建什么呢?”“搭停车场。”“我想搭海洋馆。”“海洋馆中班时就搭过，咱们搭没搭过的吧。”“搭公园。”“要不搭鸟巢吧。”“鸟巢我都没去过，就在电视里见过。”孩子们你一言我一语，讨论得非常激烈，见他们的意见不能统一，我提出了建议：“能不能选一个我们经常去的地方来搭建呢？这样大家都比较熟悉，也有兴趣。”孩子们沉默了一会儿，突然，申奥说：“搭昊天广场吧，我每天都去那儿练轮滑。”“我星期天还跟奶奶去那儿晨练呢。”李依林也跟着说。“我也去过。”“我也去过。”……很多小朋友都随声附和。看来，我们想到一块去了，真是一拍即合。我也把手举了起来：“我同意你们的想法，那我们就一起来搭建昊天广场吧!”“好!”孩子们兴奋地拍手欢呼起来。

第一次搭建

区域活动开始了，徐勇博第一个拿起积木，自言自语地说：“我要搭昊天广场了。”说着，他认真地把几块积木交叉架了起来。周嘉怿则摆了一排圆柱体积木，琨琨和赵越安静地站在那没有动。过了一会儿，赵越也蹲下来开始摆积木，眼睛却时不时地看看徐勇博。这时徐勇博兴高采烈地叫我：“王老师，您快看，我搭好了。”“这就是昊天广场!”他指着自己刚搭完的三层楼式建筑物，没等我说话，琨琨就提出了异议：“昊天广场不是这样，你搭得不像，都没有台阶!”徐勇博一听，又赶忙搭了起来。看着周嘉怿搭得很认真，我问道：“你搭得是什么?”“这是我搭得圆石头，我还在上面走着玩呢。”看来，孩子们对昊天广场的记忆是片段性的，他们对自己要搭什么还没有真正的目的性，于是，我提出建议：“你们先别着急，咱们一起说一说昊天广场里都有什么?”“有一个大池子能喷水。”“有假山。”“好像还有能坐着的石椅子。”“还有长廊。”……孩子们七嘴八舌起来。“有这么多，那你们最喜欢哪个建筑物?”“音乐喷泉，那里有很多台阶，我特爱跳着玩。”“喷水泉可大了，有很多小洞洞。”“不对，是网子，一块一块的。”……孩子们对音乐喷泉情有独钟。我想：孩子们对身边的建筑物有着浓厚的兴趣，但却没有整体的观察，他们需要进行实地参观来丰富自己的认识。

“那音乐喷泉到底是什么样的？有多少层台阶？长廊有多长?”带着这些问题，我们组织了第一次参观。从入口进入昊天广场，第一眼就看到了音乐喷泉，孩子们发现，音乐喷泉近似圆形，周围是六层台阶，下面是个大池子，“那中间是什么样的呢?”“是一圈一圈的喷水格子。”我们一起数了数，一共是八圈，孩子们看得真仔细。我们又逐一参观了猿人雕塑、长廊，并从不同角度拍了照片，这次的收获可真不小。

积木不够了

有了实地参观的经验，孩子们对昊天广场有了全新的认识，通过讨论，我们首先确定了昊天广场中几个典型的建筑物，如音乐喷泉、长廊、昊天标志、猿人雕塑等，并将照片做成了背景墙饰。在今天的搭建活动中，孩子们显得格外专注。徐勇博和邓天昊选择搭建音乐喷泉，徐勇博对邓天昊说："你帮我拿长积木，我要搭一圈台阶。"阳阳也抱来了很多长积木和圆柱体，搭了两排桥式结构的建筑物，看样子是在搭长廊，琨琨则从废物角找来了一个茶叶筒摆在中间，用积木一层层地往上围。过了一会儿，阳阳大声叫我："王老师，长积木不够了，都被他们用了。"原来，阳阳需要用长积木给长廊封顶，而徐勇博也要用长积木搭台阶，建筑区的长积木用完了。"想一想，能不能用别的东西代替？"我鼓励他们自己想办法，孩子们看着长积木发愣，过了一会儿，周嘉怿兴奋地说："对了，咱们在中班搭房子时用纸板封过顶，再做些纸板吧。""这个主意不错。""废物角就有，我去拿。"阳阳迅速找来两个纸箱，大家一起将其裁成了几块长方形的纸板，又请美工区的小伙伴进行了简单的装饰。看来，我们的孩子已经能够以物代物，创造性地使用废旧材料了，而且还能在游戏中与同伴协商合作。这一下问题解决了，阳阳搭的长廊，徐勇博、邓天昊一起搭的音乐喷泉都成功了，孩子们的搭建兴趣更高了。

怎样给长廊封顶

经过一段时间的搭建，孩子们的昊天广场已经初具规模，但仍不能表现建筑物的细节。今天区域活动开始前，我参与了他们的讨论，"仔细看一看，咱们现在搭得长廊和昊天广场的长廊有什么不一样？""昊天广场的长廊柱子多，下面能坐人，两边不是直直的。"几个孩子边看照片边争着说。看来，孩子们能发现问题。"那怎样才能把长廊搭成两边有些弧度的呢？"在我的鼓励下，他们开始了今天的搭建。

阳阳一边数着照片上的柱子数，一边一个一个地搭，并有意识地将两头的柱子往里弯，但在用长积木封顶时却总是倒，阳阳无奈地看了我一眼。"想一想，再试试！"我指了指下面的圆柱体积木，他将积木往外移了移，试了几次，终于稳住了。他开始把长廊延长，并小心翼翼地给长廊封顶，"琨琨，你看，这盖不上了。"阳阳一边试一边与琨琨商量。原来是他们搭得长廊两侧有弧度之后，又盖不上顶了，我没有急于上前，而是在旁边悄悄地看着。阳阳和琨琨不停地变换纸板的位置，可中间对上了两头盖不上，两头盖上了中间又有缝隙，这可难住了两个孩子，他们开始无奈地摆弄长廊边上的草坪，似乎已经放弃了封顶。

活动结束时，我请他们对今天的搭建进行自我评价，阳阳提出了自己的困难："我们的长廊不能封顶，老有缝。""怎么办呢？大家一起帮他想想办法。"孩子们讨论得很激烈："用几个长积木盖上就行了。""那样不平。""对了，咱们再做几个盖缝的三角形纸板就行了。"周嘉怿说。我冲他伸出了大拇指，并把量缝、裁板的任务交给了他们。说干就干，几个建筑区的孩子开始测量长廊顶上的缝隙，并在美工区制作三角板，忙了近一个小时，他们的长廊终于严严实实得盖上了顶，几个孩子的脸上露出了自豪的笑容。

我们的昊天广场

随着经验的积累，孩子们的搭建水平逐渐提高，他们不仅能形象地搭出长廊、音乐喷泉、猿人雕塑，还能巧妙地利用石子路、花丛、草坪、路灯等各种辅材，使昊天广场更丰富。这时我发现，幼儿搭建的随意性强，各个建筑物的位置总是变，不能清晰地表现建筑物之间的空间关系。于是，我又对他们提出了新的挑战。我们共同写了"致家长的一封信"，请爸爸妈妈带领孩子再去一次昊天广场，将几个建筑物的空间位置画下来。家长们的积极支持、配合，给孩子们带来了莫大的鼓舞。

第二天区域活动开始时，几个孩子争着讲述自己的记录图，孩子们都将建筑物位置记得比较准确，赵越的记录图最大、最清楚，大家一致同意将这张图贴到墙上。在搭建之前，我们再一次展开了讨论："先想一想昊天广场的入口位置在哪儿？""入口在边上，离马路特别近。"赵越指着她的记录图说。"咱们就把门口搭在这儿。"昊昊站在靠外侧的垫子上说。这个位置大家都比较认同。"那离入口最近的建筑物是什么？""是音乐喷泉，从音乐喷泉过来就是猿人雕塑。"这几个建筑物的位置孩子们都找得很准，但大家对昊天标志的位置有了异议："昊天标志不是挨着猿人雕塑的，我从音乐喷泉走很远才看见昊天标志。""不行，走太远就没地方搭了。"……的确，这里面还存在着比例的问题。"我们再看一看图。"在我的启发下，大家都围到了记录图前，"昊天标志在音乐喷泉和长廊的中间，我画图时爸爸说两边距离差不多。"徐勇博提出了自己的想法。经过举手表决，几个人都表示同意。就这样，在大家的共同努力下，我们终于搭出了属于自己的"昊天广场"。区域评价时，我请孩子们当小向导，带领全体小朋友参观了我们的"昊天广场"，这一次孩子们真正体会到了成功的喜悦。

任何搭建主题的确定都要来源于对幼儿搭建水平的分析，教师在幼儿搭建活动中的支持与引导不仅体现在丰富幼儿的经验上，更体现为引导幼儿在与同伴的互动中学会经验交流、协商分享、合作讨论，从而共同解决实际中遇到的问题。同时，教师还有目的地引导幼儿根据图纸进行搭建，发展了空间知觉，促使游戏不断深入，孩子们的搭建水平不断提高。这是一次真正的主动学习。

（王永涛）

二、角色区

案例1 难忘做客经历（小班）

这段时间我发现孩子们特别喜欢在娃娃家玩照顾娃娃的游戏，在游戏中孩子们有了一些角色意识，角色之间有了一定的交往，但是经过一段时间，孩子们的游戏主题并没有新的拓展，游戏内容还是较为单一，因此为了丰富孩子们的游戏，拓展娃娃家新的主题，我想用老师亲身参与的形式进行指导，以此来提高娃娃家幼儿的游戏水平。

1. 走进孩子们的游戏中。

在娃娃家中畅畅扮演妈妈，抱着娃娃并给娃娃喂水，林林扮演爸爸忙着做饭，一会儿爸爸走到电话旁拿起电话听了听又放下，一会儿又拿起了电话，于是我趁机“拨通”了电话：“喂，是林林吗?”林林说：“是我呀，你是谁呀?”我说：“我是你的好朋友，我一会儿到你家去串门。”林林说：“好吧。”我敲门，林林说：“请进。”我进了屋，妈妈继续抱娃娃，姐姐接着看电视，还各自干着各自的事，林林从水壶中倒了一杯水递给我说：“请喝水。”我说：“谢谢。”然后林林又去做饭了，再也没有人来照顾我这个客人。可见在游戏中，孩子们一方面喜欢玩招待客人的游戏，一方面又缺乏招待客人的经验。基于这些分析，我想通过丰富孩子的生活经验来提高他们招待客人方面的游戏水平。于是我利用家长资源，请家长带孩子去同伴家中串门，目的是丰富孩子们的生活经验，使孩子从生活中学会文明做客、礼貌招待。活动后，家长感慨万千，都说孩子们做客、待客比以前更懂礼貌了，也更加热情了。为了巩固孩子们刚刚形成的做客经验，加深他们对做客、待客的理解与认识，于是我决定再亲自带孩子进行一次真实的做客活动。

2. 真实的做客活动——丰富孩子的生活经验。

我把组织孩子们去做客的意图通知了家长，得到了家长们的支持，林林妈妈主动邀请全班小朋友去她家做客，于是我与林林妈妈制订了详细的活动计划，如礼貌问好、热情接待，给小客人都拿什么食物与玩具等，然后请林林妈妈按计划招待客人。在选择做客的人员上，我特意安排了一些交往能力处于不同水平的幼儿。做客前，我与孩子们讨论："去林林家做客我们应该对林林妈妈说些什么？到了林林家应该怎么做？"带着问题我们一起来到林林家，林林与妈妈热情地接待了我们。他们忙着给小朋友倒水，并拿来水果、图书、玩具、相册等，我引导孩子们礼貌地说谢谢，并用双手接东西等。奇奇吃完了香蕉，把香蕉皮胡乱放在了桌子上，我想这正是教育孩子们的最好时机，于是我说："孩子们，我们吃完水果，应该把垃圾放到什么地方呀？"孩子们异口同声地说："垃圾桶里。"我说："你们说得很好，可是这有一些香蕉皮还没有放到垃圾桶里呢。"奇奇听了赶忙把香蕉皮放到垃圾桶里，在他的带动下，又有一些孩子把果皮也放到了垃圾桶里，接着孩子们愉快地看书、玩玩具。浩浩看到电视机上摆放着毛绒玩具小猴，顺手拿了下来玩，我走过去说："浩浩，你想玩这个玩具应该先对阿姨说什么？"浩浩想了想，走到阿姨身旁说："阿姨，我能玩一会儿这个玩具吗？"阿姨笑着说："可以，玩吧！"浩浩高兴地玩起了玩具小猴。时候不早了，小客人们要回家了，于是礼貌地与主人再见，主人热情地把我们送到门外。回来后孩子们的兴趣仍然很浓，自发说着做客的感受，于是我带孩子们回忆并讨论，请孩子们说说如何当好"小主人"和"小客人"，孩子们说当小主人要有礼貌、给客人倒水、请客人玩玩具等，小客人说话要有礼貌，接东西要用双手，不往地上扔脏东西，不吵闹，不小心碰坏了东西要跟主人道歉，走时要说再见等。我还将这次活动的照片贴在娃娃家的墙上，帮助幼儿梳理这次做客待客的经验，以便使孩子们在游戏中更好地再现。

3. 在游戏中孩子们的做客经验得到充分再现。

娃娃家游戏中孩子们对做客待客的游戏更加感兴趣了，他们自己选择担当主人与客人的角色，客人给主人送小礼物，在做客中很有礼貌，知道不乱动别人家的东西等。主人热情招待客人，请客人喝茶、吃水果、玩玩具等。后来孩子们还自发生成了游戏情节，如请客人留下来一起吃饭等。看来通过真实的做客活动，孩子们的生活经验真正丰富了起来，使得他们的游戏内容表现得更加具体而真实，游戏水平有了大幅度提升。

在小班娃娃家游戏中，孩子们的游戏水平低，这往往是由他们的生活经验不丰富造成的，老师要注意通过各种途径拓展幼儿的生活经验，增强幼儿的真实感受与体验，这样幼儿才会把生活中的情景在游戏中充分再现，娃娃家的游戏水平才能得以提高。

（王晓光）

案例 2　最爱娃娃家（中班）

娃娃家的初步开设

9月初刚开学，我就发现班内的布娃娃及一套大型厨房用具，深受孩子们的喜爱。他们一有空，便会不由自主地走过去，抱抱娃娃，更有的幼儿会在那里做起“饭”来……孩子们的喜爱之情溢于言表。要开设娃娃家，投放适宜的材料是首要问题。我认为所投放的材料首先应是幼儿生活中常见的，也应是幼儿爱表现的主题。但生活中的物品很多，主题也很多，投放哪些材料才适合小班刚刚升入中班的幼儿呢？我决定先围绕幼儿爱表现的“照顾娃娃”和“做饭”这两个主题投放材料。随着这些基本材料在娃娃家的投放，孩子们能够在娃娃家中玩照顾娃娃，给娃娃做饭的内容，而且有角色意识，角色之间的交流也很自然。

医院箱的投放

这天，两个孩子选择了娃娃家，并高高兴兴地忙活了起来。这时，“妈妈”抱着娃娃说：“哎呀，宝宝生病了。”“爸爸”放下手里的锅急匆匆地快步走过去，摸摸宝宝的头：“还发烧呢，我来给他找点药。”“爸爸”找来了“药”，“妈妈”说：“咱们应该带娃娃去医院打针。”说完就站起来，看了看，找了一根吸管给娃娃打针……随着幼儿生活经验的丰富，他们在游戏中增添了给娃娃看病的新内容。教师不但要敏感察觉孩子们的需要，还应该及时提供支持并满足他们的需要。为了支持幼儿表现医院看病这一主题的需要，我投放了一套看病的医疗器具，有听诊器、注射器、输液器、体温计、口腔镜、手术用具、医药箱等。并把这些材料一一放到一个自制的标上红十字的纸箱里。我想，当孩子们想玩给娃娃看病的内容时，有可能会扮演医生的角色，这些材料就会派上用场，游戏情节将会更有趣，更丰富。但实际的效果却出乎了我的意料。

今天娃娃家的两个小朋友，一会儿扮演爸爸妈妈，照顾娃娃。一会儿扮演医生护士，给娃娃看病打针。把医院道具箱里的每个小道具都摆弄了一遍，“妈妈”竟然还把输液瓶直接“扎”在了宝宝的屁股上。娃娃家的桌子上、床上散乱地扔着“医药用品”及“食物”。见此情景我走过去，轻轻敲门，“当当当。”“谁呀?”“我是你家邻居，我在医院工作，听说你家宝宝病了，我来看看。”“哦，来了。”说着爸爸给我开了门。“让我来看看。”我摸摸宝宝的额头：“哎呀，怪不得宝宝哭得这么厉害，原来他发烧了，得赶快输液。”我接过妈妈手里的宝宝，并把他放在小床上。拿过妈妈刚刚用来扎宝宝屁股的输液瓶挂在了床边，将输液器一头扎（系）在输液瓶上，一头扎（系）在宝宝的手背上。然后，对站在一旁的爸爸说：“宝宝生病时适合吃些粥或鸡蛋面，你去给他做点吧!”

由于我的介入，今天的活动算是顺利结束了。但我想，为什么辛苦投放的材料会出现这么多问题呢?《幼儿园教育指导纲要（试行)》强调：“环境的创设应有幼儿的充分参与，使幼儿在与环境的互动中获得发展。”教师投放的材料只是出于教师的想法，幼儿到底需要什么材料，想表现什么，教师并没有与他们商量。孩子们对于教师投放的新材料不理解不会用，只是出于对新材料的好奇，每次都胡乱地摆弄。教师想支持幼儿的游戏，反而起到了干扰作用。我想，既然已经产生了问题，还是要把解决问题回归到孩子身上。

孩子们的医院箱

事后，我组织幼儿一起讨论：“娃娃生病了怎么办?”“给他吃药。”“给他打针。”“应该带她到医院去看病!”“对，应该到医院去。”孩子们纷纷说。“没有医院怎么办?”我问。宸宸抢着说：“娃娃家里有听诊器，我们可以当医生给娃娃看病。”“对，我们给娃娃看病。”一些孩子应答。很显然，孩子们很赞同宸宸的观点。“娃娃家里的爸爸妈妈能不能当医生呢?”我接着问。聪明的佳琪说：“那就到外面（其他区域）请一个呗!”朵朵说：“还可以请好朋友来当医生。”调皮的昊昊指指老师笑着说：“还可以请老师来。”孩子们的点子可真多。我又问道：“医生给娃娃看病都需要什么?”“我知道，”小雨把手举得高高地说：“每次我去医院，都给我听听。”“还得试表（体温计)。”“还得吃药、打针。”“有一次我发烧还输液了呢。”……听了孩子们的回答，我问：“到哪里去找这些材料呢?”天天说：“我家里有棉签，我可以带来。”小雨说：“我的芭比娃娃玩具里有小药箱和听诊器。”“体温计呢?”我面露难色。多多说：“用纸卷一个。”“不行，纸的太软了。”聪明的齐齐指着美工区的吸管说：“我觉得吸管特别像体温计，咱们用吸管做一个吧!”“对，药我们也能做。”……后来的两天里孩子们带的带，做的做，将他们想到的、需要的东西都准备好了。我们将孩子们准备好的材料一一进行介绍，孩子们纷纷讨论：“这是打针用的”。“这是输液用的。”……在了解了这些材料和用法之后，我们的医院箱就投入使用了。

这次娃娃家的活动更生动地开展起来了。当医生的小朋友抱着医院箱来给娃娃看病的时候，孩子们的交往更多了起来。小医生一会儿给娃娃试体温，一会儿用听诊器给娃娃听听前胸，还给娃娃输了液。爸爸妈妈也在一旁帮忙。看来，孩子们能够自己想出办法，自己解决问题。

有了这次经验，根据孩子们的兴趣及需要我们又讨论投放了超市道具箱、聚会道具箱等。在投放材料的过程中我体会到，娃娃家的材料并不是教师一厢情愿的投放过程，而是根据孩子们的需要和已有经验及时与孩子们讨论协商，是孩子们参与搜集、制作、筹备的过程。这样的材料孩子们才能理解，并会正确使用。总之，区域材料的投放是随幼儿的主题和经验不断拓展、增添的过程，是从基本材料开始不断丰富、完善的过程。

（纪雨梅）

案例3　我们的飘香美发店（大班）

幼儿升入大班后对编小辫的材料非常感兴趣，经常在过渡环节为娃娃梳各种各样的小辫。一天中午我在给婧怡梳头时她对我说：“老师，我姑姑结婚时去美发店盘的头发可漂亮了。”听了婧怡的话再联想我们班大部分幼儿对编小辫非常感兴趣，那么开设个美发区他们应该非常感兴趣。

我们要开理发店了

再三考虑后和孩子们说出我的想法，孩子们欢呼雀跃，纷纷赞同，于是我和孩子们进行了一次谈话。“你们谁去过理发店?”我问。“我去过，我妈妈带我理过发。”“我也去过，我妈妈烫头时带着我去的。”“我的头发就是前几天刚去理发店剪的。”……“那你们知道理发店里有什么吗?”我问。“镜子、梳子、剪子、推子、吹风机……”孩子们争先恐后地抢着说。“那你们知道理发店里都有什么人吗?他们是怎样为客人服务的?”这次，孩子们的回答不像刚才那么踊跃了，说明孩子们这方面的经验还比较欠缺。于是我决定，从没去过理发店的孩子由家长带着亲自去理一次发，去过的孩子则以小组的方式由老师带着参观理发店。参观前我们做了周密的计划，请幼儿列出了“参观时要观察什么”的清单，我们参观理发店的活动开始了。

我们看到的理发店

我们带着孩子们来到离幼儿园不远的“相约时尚”理发店参观，到了美发店，我请幼儿按照事先列出的清单进行有目的地观察，孩子们开始参观了。阳阳一下就被烫发吸引了：“阿姨，为什么要在头顶上放这个呀？”阿姨面带笑容地回答了阳阳的问题：“烫头时需要加热才能定型，这个就是用来加热的。”旭旭一直站在洗发的地方观察服务员是怎样为客人洗发的：“叔叔，干吗让客人躺在这儿洗呀？”“这样洗舒服呀！”服务员回答说，“一会儿你也来试试。”服务员把洗完头发的顾客送到剪发处就请旭旭也躺下来感受，洗完头发后旭旭笑眯眯地说：“是挺舒服的。”佳怡对服务员身上戴的胸牌很感兴趣，询问是干什么用的，服务员告诉他是代表几号理发员，便于客人记住的。我又提示幼儿观察理发店的墙上有什么，除了洗发师、理发师还有谁，他们在干什么？然后我们回到了幼儿园。

我及时组织幼儿就参观理发店、去理发店剪发进行了交流，当我再次问到理发店都有谁时，孩子们一口气回答了有洗发的、理发的、收钱的，还有迎接客人的。当我问到理发店都有什么物品时，孩子们知道的更多了，阳阳抢着说：“有烫发的卷，有皮筋。”“有大小不一样的梳子，有围身上的布。”“还有毛巾、洗发液。”“还有胸牌。”……孩子们争先恐后地回答着。我又请去理发的孩子说一说自己在理发店服务员都为他们做了些什么，佳怡不紧不慢地说：“阿姨先给我洗头发，用的洗发水可香了。”刚说到这里，旭旭马上抢着说：“你是躺着洗的头发吗？”佳怡点点头，接着说：“洗完头发就让一个叔叔给我剪头发。”我问：“剪成什么样子？”“妈妈告诉叔叔剪短一点儿，我不同意，叔叔就给我剪一点儿。”佳怡说完后我又提问：“理发店的屋子里是怎样布置的？”孩子们抢着回答墙上有镜子，还贴着照片。我问：“贴的照片是做什么用的？”彤彤抢着说：“上面都是好看的发型，你想弄成什么样的你就得跟阿姨说。”我继续问：“咱们班要是开理发店，你们想一想需要准备什么物品。”孩子们回答说：“要有装洗发水的瓶子。”明明说：“要有卷发的卷和吹风机。”“还有假的剪刀。”“还要制作胸牌。”旭旭抢着说：“别忘了还要做洗发的桶。”接着孩子们又开始讨论用什么做，由谁来做，通过讨论大家一致认为胸牌、假剪刀等可以由美工区小朋友制作，吹风机、梳子等可以从家里带来，孩子们讨论最激烈的是洗发用的器具要用什么做，旭旭说："用奶箱再加一根管子就像了。"明明说："用油桶再加一根管子也挺像的。"讨论到最后孩子们发现这个用具不是小朋友能完成的，于是他们想到了家长，阳阳说："我让我爸爸帮忙做，我爸爸的手可巧了。"

孩子们将讨论的结果一一落实后，将这些物品分类摆放好，最后还为美发店起了名字叫"飘香美发店"，因为他们认为每次洗完头发后头发都是香香的。

我们的理发店开张了

一切准备工作就绪，我们的美发店开业了，服务员们早早就做好了准备，各就各位准备迎接客人，晓晓、佳怡是我们的第一拨客人，两人刚一进门就被热情的美发师拉去弄头发，洗发师不同意，说："你们忘了，还没洗发呢！"说完拉着两个人去洗发，最后还用毛巾给擦了擦，两个人来到镜子前，两位美发师给他们梳头，并询问要弄成什么样的，然后又按照客人的要求弄头发，最后告诉客人要收多少钱，客人付钱后，服务员把客人送出了门外。

孩子们在美发店里有序地游戏着，可是好景不长。一天张博拉着我的手说："老师，您快看看吧，美发店的小朋友上我们建筑区来了。"我一看，果然美发店的小朋友都离开了自己的工作岗位在建筑区指指点点地说着。"哎，你们几个怎么不上班呀？"我问。"都没人来我们美发店。"佳怡说。"为什么会没人来呀？"我问。这时旁边的小朋友说："老是卷发没意思。"我又问了平时爱来的小朋友不来的原因，他们都说老是卷发没意思。听了孩子们的回答我明白了，原来理发店的业务太单调了，缺乏孩子们自己的东西，于是我组织孩子们讨论，你们去理发店墙上都贴的什么照片，孩子们回答说："各种发型的照片。""那我们班是给小朋友开的理发店，可不可以贴些小朋友的发型照片。"孩子们都回答："可以。""老师，把您平时给我们梳的小辫照成照片贴在墙上吧。""老师，把我给小娃娃梳的发型也照成照片贴在墙上吧。"经过大家的讨论，墙上可以贴适合小朋友的发型，这样来的客人就可以选各种发型了。"要弄这些发型我们还需要准备什么呀？"彤彤说："还要带彩色皮筋。"露露说："还要带漂亮的小夹子。""我们家有好多小夹子，我拿来吧。"佳怡说。就这样，美发店重新收集材料，这次孩子们兴致可高了，看，晓晓这次从美发店出来头上多了两个小辫，还多了两个蝴蝶结的小夹子。看来游戏内容的选择一定要来源于孩子的生活，仅靠模仿是不行的。

随着活动的开展，孩子们不断设计出新的发型，由此我们的发型册相继产生，为了使客人源源不断地光顾美发店，孩子们又提出到其他班宣传，给经常来的客人便宜等方式吸引更多客人，现在飘香美发店的生意非常火，美发师愿意设计新的发型，客人看到自己发型变了心里都特别高兴。

（李凌云）

三、科学区

案例 1　蒜爷爷变变变（小班）

春天到了，我带着孩子们进行了种植种子的活动，种植过程中孩子非常感兴趣，但几天后孩子就很少光顾了。我想：种子发芽较慢，不能吸引幼儿的注意和兴趣，他们不来观察也是必然了。因此，为了培养幼儿观察的兴趣，我预设了一个科学探究活动——蒜爷爷变变变。为了便于幼儿观察，我们选择了生长速度快而明显的水泡大蒜，并用透明的矿泉水瓶作为容器。我将瓶子上半部分剪下，倒置在瓶子上，将大蒜放在倒置的瓶上，并和孩子们用橡皮泥捏上眼睛和嘴巴，一个蒜爷爷就有了最初的样子了。为了引导幼儿关注蒜的生长变化，我们利用此时幼儿思维拟人性的特点，把大蒜说成是蒜爷爷，把长根说成是蒜爷爷长胡子，把长叶说成是蒜爷爷长头发，这样，既有情趣又便于幼儿观察。

5 瓶水泡的大蒜摆在窗前，看着蒜爷爷一个一个的笑脸，我问孩子们："你们谁知道，蒜爷爷会先长出什么呢?"许多孩子急着说："先长绿树叶，我奶奶在盆里种的就是先长绿树叶!"几个幼儿则小声说："下面先长毛毛。"还有几个幼儿静静地听着大家的谈话，一言不发。看来幼儿对于植物各部分名称的了解还比较笼统，缺乏经验。为了让幼儿掌握正确的科学词汇，我首先说明："它长的绿树叶叫蒜苗，长在上面像蒜爷爷的头发；长的毛毛叫根，长在下面像蒜爷爷的胡子。"孩子觉得很有意思，相互对视着、重复着。"那是先长头发还是先长胡子呢? 我也不知道，咱们天天一起来看看好不好?"孩子们满口答应着。晚上离园时，许多孩子都带着爸爸妈妈在外边的窗前看班里的蒜爷爷，而且，第二天一早有好几位小朋友都主动带来了和爸爸妈妈共同制作的"蒜爷爷"，看来，孩子们对此还是非常感兴趣的。

孩子们的发现

早饭后，李思佩手里拿着大蒜兴奋地说："老师，你看，蒜爷爷长出毛毛来了。"孩子们一听马上都围了过来，并且争先恐后地告诉我："老师，蒜爷爷长胡子了。"我听后，故意满脸疑惑地说："小朋友都说是先长头发，怎么会先长胡子呢？"孩子们马上用小手指着短短的小白根说："老师，您看这不是白胡子吗？"我点了点头，指着蒜尖的位置说："这里长头发了吗？"孩子们摇摇头说："没有。"为了让孩子们明确"蒜先长根"这个经验，我问："蒜爷爷到底是先长胡子，还是先长头发呢？""先长胡子！"孩子们异口同声地说。通过教师每天的引导和带领幼儿观察，引导着孩子们每天有目的地观察，孩子对于自己的发现惊喜万分。

怎样知道"头发"长长了

3岁左右的孩子生活经验少，对外界事物充满着好奇，看着蒜爷爷的头发与胡子一天天地生长，我便引导孩子观察蒜爷爷的变化，进一步培养他们观察的兴趣与探究的欲望，并学习初步的测量。于是，我请幼儿观察，"你们看一看蒜爷爷的头发长高了吗？"杜秉峰抢先说："长了。"土土则说："哪儿长了，它以前不也这么高吗？"有的小朋友则摇着小脑袋说："不知道。"于是，我找了一根质地较硬的塑料板，在板上每隔3厘米画一个格子，里面画上简单的小图案，测量尺做好了。我悄悄地把它放到了蒜爷爷的旁边。总到这里来观察的佩佩，首先发现了它。她举着尺子问："老师，这是什么呀？怎么上边有这么多好看的小图画呀？"她这一问，吸引了许多小朋友的注意，都围拢了过来。于是，我边说边示范："这是给蒜爷爷量个子的，看看它是不是长高了。"接下来，每天早晨或早晚饭后，我便和孩子们一起观察、测量。孩子们看着蒜爷爷的头发一天天长高了，惊喜万分，"老师，蒜爷爷的头发长到小星星了。""老师，蒜爷爷的头发长到小月亮了。"……他们每天都在发现中快乐着。

小班的孩子具有很强的模仿性，由于老师天天和他们一起进行测量，因此，孩子们对测量蒜苗产生了兴趣，他们在过渡环节时也会经常自己去测一测、量一量，并陶醉在自己的发现之中。

为“蒜爷爷”剪头发

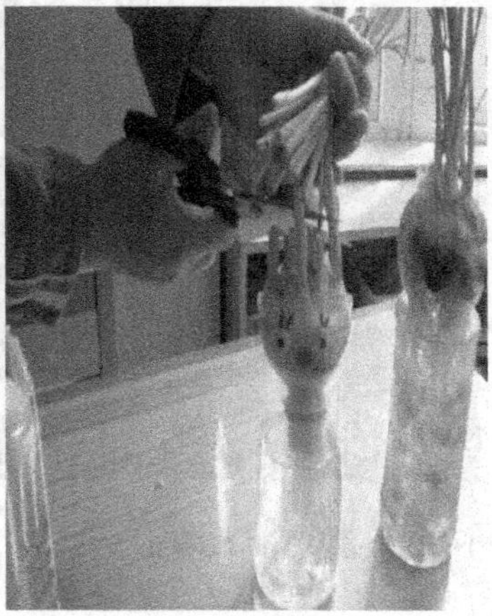

日子一天一天过去了，蒜爷爷的头发长得很长很长了，郁郁葱葱的一排，生机勃勃，看着长势良好的小蒜苗，我的心情也非常舒畅。这时，宋晓凡却提出：“老师，蒜爷爷该剃头了，我爷爷昨天就剃头了，变成短短的了。”孟晁旭、姜博曦也在一旁应和：“对，该给蒜爷爷理发了，我们都理发。”听着孩子们的想法，看着绿葱葱的小蒜苗，想到这也是一个很好的教育契机，可以借此机会让孩子们丰富生活和认知经验，可以引导他们将探索活动继续深入。于是，我提出问题：“蒜爷爷的头发剪断了还能再长吗?”大多数的幼儿认为不能，少一半的幼儿则认为是可以的，孩子们都七嘴八舌地发表着自己的看法，争吵得非常激烈。我提出了问题：“到底是能不能再继续长出头发，剪下来的头发有什么用?”

由于幼儿生活经验较少，他们有的说可以将剪下来的蒜苗种在土里，有的说可以给幼儿园的小兔子吃。为了让孩子们了解蒜苗的可食用性并品尝小蒜苗的味道，我们在当天猜想活动后，请来住在幼儿园附近并会做菜的陈蕊家长来为大家制作蒜苗炒鸡蛋，孩子们品尝着好吃的蒜苗都乐开了花，连声说：“好吃。”

慢慢地，蒜爷爷的头发又长出来了，孩子们看着蒜爷爷的头发，睁大眼睛自言自语地说：“嘿，蒜爷爷又长头发了。”孩子们每天观察发现，原来蒜爷爷再长出的“头发”不那么绿，也不那么粗了，时间长了，蒜苗慢慢枯萎了。看着“蒜爷爷”枯萎了，好多小朋友还有点伤心，说：“蒜爷爷一定是生病了，要不，他不会耷拉着头的。”

“蒜爷爷”的生命，由生长到结束，短暂的一段时间里，孩子们一直都关注着“蒜爷爷”的生长与变化，并保持着较高的兴趣。我认为，带领小班幼儿进行自然科学探究，要结合小班幼儿的年龄特点选择生长速度快且变化大的植物，并根据小班幼儿泛灵的心理特点，设置一些有情境的问题，比如，把大蒜叫成蒜爷爷非常拟人化，符合小班幼儿思维拟人化的特点，打破了以往的探究模式，大大激发了小班幼儿探索的兴趣。

同时，小班幼儿带有明显的从众与模仿性，老师说这样好，孩子们也争相去尝试。因此，教师有一颗乐于探索的童心和主动探索的愿望，不断发现植物生长的特点和幼儿原有经验与正确认识上的冲突，以问题来激发幼儿探究的兴趣与愿望，与此同时，教师要做好模范榜样，想让幼儿观察，教师就要多与幼儿共同观察。另外，小班幼儿很少提出问题，因此，教师要有目的地提出简单的问题，引领幼儿有目的、有顺序地观察，在“玩中”获得简单经验。

（朱艳红）

案例 2　有趣的静电（大班）

在幼儿一日生活中，有很多他们感兴趣的现象。这天，午睡起床后，女孩子们一边梳头，一边叽叽喳喳地议论：“哎呀，你的头发飞起来了。”“我的头发也飞起来了。”“我知道这是静电，我妈妈经常说又有静电了，好烦人。”……她们一边说一边笑，引来了男孩子好奇的目光。小龙、哲哲、奥奥几个男孩子也来凑热闹，他们一边看女孩子梳头，一边摸着随发梳飞起来的头发。见他们对这个现象这么感兴趣，我问：“只有女孩子的头发会有静电吗?”“不是，我知道……”于是，“发现静电”的活动产生了。

活动 1　发现静电

还有哪里有静电呐？奥奥说：“我家电视机上也有静电，能嚓啦嚓啦地响呢。”凡凡说：“我和菲菲拉手时挨过电。”菲菲说：“我盖被子和叠被子时有静电。”小龙说：“我脱毛衣时挨过电。”穆穆说：“咱们幼儿园的滑梯上有静电，我玩滑梯时挨过电。”大宇说：“我家汽车门上有静电。”尧尧说：“我家防盗门上有静电。”乐乐说：“气球吹起来有静电，它吸我的头发。”……看来孩子们对于静电的经验还是比较丰富的，于是我又问他们：“关于静电你有想知道的问题吗?”小龙说：“我想知道静电有危险吗?”菲菲说：“我想知道静电能没有吗?”凡凡说：“我想知道我的红毛衣上为什么一脱就有静电，而粉毛衣上就没有静电?”子卓说：

“为什么爸爸头上有时有静电，有时就没有？”铮铮说：“我想知道为什么有的地方有静电，有的地方没有静电？”小雨说：“我想知道这些静电从哪来的？哪儿没有静电呢？”小龙说：“为什么毛衣、毛裤上都有静电呢？”……听到孩子们提出的问题，我对他们说：“这些问题老师也不能马上告诉你们，咱们可以去哪儿找答案呢？”茜茜说：“我去问妈妈试试。”心雨说：“我和妈妈上网找找。”田田说：“我去书店查答案。”乐乐说：“我家楼上的马奶奶学问大，我去问她。”……带着问题，孩子们分头去寻找答案了。

第二天，心雨一到幼儿园就兴致勃勃地说：“老师，我妈妈找到答案了，哪儿都有静电，只不过有时候明显，有时候不明显。”凡凡说：“我问了妈妈，妈妈说因为我的红毛衣是毛线织的，而粉毛衣是纯棉的，所以红毛衣爱起静电。”小乐、小龙、菲菲他们纷纷带来了自己的答案，看到他们对静电依然那么感兴趣，我们在科学区投放了静电游戏。

活动 2　有趣的静电游戏

孩子们在科学区通过自己制作长发小丑，收集可以摩擦起电的物品来使小丑的长发飞起来。在收集实验材料的过程中，他们有的说：“用筷子，我见过妈妈用布摩擦筷子。”有的说：“用长吸管，我见过长吸管可以吸起气球。”还有的说：“用秸秆。”“用尺子。”“冰棍棍。”……那么怎样才能知道哪种材料最容易摩擦起电呢？我把孩子们想到的物品一一找来，并对他们说：“我们首先设计一个记录表（如下表），然后猜猜看，把猜想的结果记下来，接下来进行实验，尝试哪种材料最容易摩擦起电，让小丑的长发飞起来，并记录，最后把猜想和实验结果进行对比。”经过几天的反复实验，孩子们归纳出气球、尺子、塑料的玩具等摩擦可以让小丑头发飞起来；吸管要两根才行，秸秆、筷子不行。

哪种材料会摩擦起电

材料	气球	尺子	秸秆	吸管	筷子	玩具
猜一猜						
实验结果						

幼儿在选择材料实验的过程中，巩固了对静电的理解。他们发现气球摩擦后可以吸在墙上，于是又有了新的探索问题：静电能消失吗？怎么做会让静电消失？溪溪告诉我们：“妈妈说可以用金纺泡衣服，静电就不见了。”小龙说：“我从电视上看了‘生活一点通’的小窍门，用手摸

一下墙再开门就不会有静电了。”心雨说：“我每次往手上多擦擦手油拉手时就不会挨电了。”……孩子们把发现相互转告，尝试着。

延伸活动：

经过一段时间的探索、尝试，孩子们又产生了新的问题：还有哪些东西有静电呢？随着探索的不断深入“寻找带电的物品”“发现电的用处”“我们的电路游戏”等活动也随之开展，为幼儿的继续探索提供了支持。

幼儿天生爱探索，对许多事物都感兴趣。作为教师应尊重幼儿的兴趣，耐心倾听幼儿的发现，为他们的主动探究提供支持，并把他们感兴趣的内容生成连续性探究。

（郝继红）

四、美工区

案例 1　漂亮的鱼（小班）

五一放假回来，有些孩子带来了他们在海洋馆买的纪念品，有小鱼的模型、图片、贴画以及和小鱼照的相片等。于是小鱼就成为他们的热门话题，每天只要有空他们就会围在小鱼模型的周围：“你看，这条小鱼多漂亮！有黄色、红色……”“你知道这条小鱼叫什么吗?”“不知道。”“叫刺豚！我在海洋馆……”“快来看，这条鱼的身上有圆点、还有三角形呢!”……看到孩子们对小鱼十分关注，听到孩子们的议论，我也仔细观察起孩子们带来的小鱼，发现小鱼色彩鲜艳，纹样比较简单，大多是圆形、三角形的变形，而且有一定的重复性。小鱼的这些特征正好符合小班幼儿的年龄特点——喜欢鲜艳的颜色、喜欢重复，能用简单的形状表现事物。

我班现在是小班的后半学期，大部分幼儿都 4 岁多了，他们对表现自己的经验、情感和想象有明确的目的，能用简单的形状表现事物。《纲要》也提出：“引导幼儿进行有意识地表现，能运用简单的图形和自己喜欢的颜色大胆表现熟悉的事物。”“鼓励幼儿运用熟悉和喜欢的图形、材料进行多种简单的装饰。”因此，我在分析、判断“漂亮的鱼”这个美术专题的价值之后，决定抓住这个教育契机，根据幼儿的兴趣在美工区域中开展“漂亮的鱼”这一系列专题活动。

（一）了解幼儿的原有经验

为了了解幼儿的原有经验和现有水平，首先我组织了一次集体绘画活动，我没有和幼儿讨论小鱼，只是问他们："你们能画小鱼，并给小鱼穿上漂亮的衣服吗？"孩子们高兴地回答说："能。"他们纷纷拿起画笔画小鱼，边画边议论："我画一条大鱼。""我给小鱼穿上红色的漂亮衣服。""我给小鱼穿上有蓝色点的衣服。"……

画完后，孩子们就兴奋地把自己的作品展示在作品墙上，并拉我来看。我发现孩子们大多数不会画鱼，所有的鱼都是圆形的，而且没有尾巴。只有个别幼儿画出了八字形的鱼，我想也是成人教画出来的，没有自己的想象与情感；另外，作品大多是单一的颜色平涂，有个别幼儿用了三四种颜色来涂色，但颜色混在一起显得很脏乱；小鱼身上的花纹在幼儿的作品中也没有表现出来。我想，孩子们对鱼身上颜色的感性经验很少，有的幼儿虽然观察到了鱼身上的花纹，但却不知道如何表现出来，怎样扩展幼儿这方面的经验呢？

（二）积累对鱼的感性经验

1. 搜集鱼的资料，积累鱼的感性经验。

于是，我召开了家长会，请家长和幼儿一起收集鱼的资料，帮助幼儿积累有关鱼的知识经验。很快，有的家长从网上下载了鱼的图片，有的家长找到了鱼的标本、图书、课件、录像……纷纷让幼儿带到了班里。

2. 创设欣赏鱼的环境，积累幼儿对鱼的感性经验，引导幼儿大胆表达。

我和孩子们一起欣赏、交流、讨论他们带来的鱼资料，并共同布置了"漂亮的鱼"这个欣赏墙饰，我们把图片贴在墙上，把模型、标本展在柜子上，把课件和录像存放在电脑里，在活动区游戏和离园前的时间里幼儿可以操作欣赏。从那以后，孩子们只要一有空就到"漂亮的鱼"这个欣赏墙饰前来观察，"看这条鱼身上有许多红点的花纹！""啊，这条鱼有许多的颜色呢！红、黄、蓝、粉、绿、橘红呢！""比一比哪条鱼最漂亮！"……在欣赏角作品的引发下，孩子们对鱼的兴趣更加浓厚了，他们纷纷拿起笔画起了小鱼，有些孩子能画出鱼的身体和尾巴，但鱼的形态单一；一些幼儿还是画不出来，表达不出鱼的特征。如何帮助他们抓住鱼的特征、丰富所画鱼的形态呢？

（1）利用墙饰，引导幼儿观察，表现外形特征。

我发现幼儿一直对鱼墙饰很感兴趣，我决定利用墙饰引导幼儿观察小鱼的外形。于是我问："鱼的外形是一样的吗?"幼儿在认真观察后回答说："鱼的外形不一样，有圆形的，有三角形的，有椭圆形的，还有菱形的。""尾巴也是不一样的。"……我随即引导说："鱼虽然都有头有身体，但每条鱼都是不一样的。"我在黑板上把鱼的身体换了一个形状，"嘿！变了！"又把鱼的尾巴换了一种形状，"变成另一种鱼了。"孩子们兴奋地跳着叫着，随后我又和孩子们一起总结了鱼身体的形状，并一一展示在墙饰上，来强化幼儿对鱼的外形特征的感知。在以后的几天里，幼儿所绘画的鱼大部分都能抓住鱼的特征。如有的是胖头大尾巴，有的是小头小尾巴，有的是椭圆形的身体像扇子一样的尾巴等。绘画的形态也表现出来了：有的是向上游，有的是向下游，有的是抢泡泡……可爱极了！

(2) 发现鱼身上的图案，提升幼儿经验。

我和孩子们继续观察小鱼，并提出问题："小鱼身上的花纹有哪些形状?"通过观察和引导，孩子们发现了鱼身上的花纹是不同形状的，有条状的、点状的、网状的、圆形的、线形的、三角形的……我们又一起归纳了鱼身上的花纹，并且也展示在了墙上。幼儿的作品很快就表现出各种各样的花纹来，有的是用短线，有的是用曲线，有的是用图形和图案，有的还把几种综合在一起来绘画。他们尝试着装饰小鱼的身体。

(3) 找出小鱼身上的颜色。

小鱼身上的色彩是最吸引幼儿的地方，我们引导幼儿对其进行了进一步的观察，让幼儿在小鱼的身上找颜色，按颜色将小鱼图片进行分类，并一起讨论，孩子们发现了许多颜色，还发现了鱼身上色彩的变化，有的是一种颜色的，有的是两种颜色的，有的是多种颜色的，而且颜色大多是鲜艳漂亮的。我们把观察到的颜色也展示在了墙饰上。

(三) 扩展幼儿经验，支持幼儿大胆表现

材料是引发幼儿主动建构、获取经验的桥梁，因此提供材料支持是激发幼儿学习兴趣，帮助幼儿积累和扩展有益经验，发挥想象，促进幼儿真正发展的源泉。为此我在活动区中提供了如下材料。

1. 笔和颜料：如油画棒、水彩笔、海绵笔、荧光笔、水粉笔和水粉等，幼儿可以自由选择工具来给小鱼绘画花纹和涂色，积累了使用不同工具绘画的能力。

2. 纸张：如颜色、软硬、薄厚不同的纸，有彩纸、白色打印纸、皱纹纸、水粉纸、宣纸、黑卡纸等，供幼儿绘画、撕和粘贴等。并且我还把这些纸分层降低一些难度：如把彩色打印纸剪成大小、长短、粗细不同的纸条，供幼儿撕纸粘贴；把纸剪成不同的小图或形状，供幼儿粘贴组合鱼鳞。这样不同层次的材料适合不同发展水平的幼儿操作，激发了幼儿参与活动的兴趣。

3. 橡皮泥：幼儿可以用橡皮泥来装饰、制作小鱼。如有的幼儿把橡皮泥揉成小球当小鱼的鱼鳞，有的把泥搓成长条做小鱼的花纹，有的把泥压扁做出泥塑的小鱼，并且他们还自创了用水彩笔帽在泥上压出花纹来装饰小鱼……在这一过程中积累了孩子们的揉泥、搓泥、玩泥的经验，同时也扩展了他们使用工具的经验。

另外，我还提供了幼儿熟悉的一些废旧物品，如包装水果的网子、气球、剪碎的小垫子块等。在我的指引下，幼儿用这些废旧材料，发挥自己的想象和创造，做出了许多不同的小鱼。如网子做的小鱼，光盘做的小鱼，气球做的大鱼等。

在“漂亮的鱼”的系列活动中，我与幼儿共同提高与发展，孩子们通过活动积累了一些绘画和装饰的经验，并能大胆尝试用多种材料绘画和装饰。同时也使我深深地体会到墙饰在美工区域活动中的重要性，除了可以展示幼儿的作品外，在欣赏、引发兴趣、归纳、提升经验、暗示、激发想象与创作中都发挥事半功倍的效果。另外，老师不仅要观察孩子，还要发现孩子的困难，给幼儿以积极的引导和适宜材料的支持。这也是我对美工区域创设的又一次新的理解。

（柴红梅）

案例 2　快乐的捏泥活动（小班）

激发幼儿活动兴趣，尝试自由探索

正值九月开学，孩子们的情绪还不稳定，几个孩子哭闹得比较严重，于是我带他们玩橡皮泥。打开橡皮泥桶，五颜六色的橡皮泥马上吸引了孩子们的目光。我把橡皮泥分给他们，但他们谁也不肯拿。我用动作和语言进行提示：“我要包一个饺子，给辰辰一个，给文淖一个，再给谁一个呢？”安桐马上伸出了小手说：“还有我。”“好吧！”我一边说一边用橡皮泥包好了饺子放在了他们的手里。接着我又将橡皮泥一会儿搓长变成面条，一会儿压扁变成烙饼，橡皮泥像变魔术似的在我的手中变成了喷香诱人的食品。孩子们也兴奋起来，纷纷揉搓起自己手里的橡皮泥。一会儿文淖举着橡皮泥对我说："老师，看我的大馒头。"辰辰一边拍一边说："老师，我做了一个大烙饼。"马烁从美工区拿来了一支水彩笔插在了橡皮泥上说这是生日蛋糕。孩子们暂时忘记了焦虑，都开心地玩了起来。

利用各种专题，提高幼儿的捏泥技能

当孩子们纷纷掌握了使用模具的方法后，似乎好玩的橡皮泥对他们也失去了吸引力。有的孩子拿着橡皮泥切来切去，有的把橡皮泥粘在自己的手上，有的拿着橡皮泥看着别的区的小朋友游戏……是呀，孩子最初的兴奋点已经随着时间慢慢变淡了。幼儿掌握了简单的揉捏技能后，他们期待着新的挑战。我想应该利用一些情境和专题，来继续提高幼儿的捏泥技能。于是，第二天我便给幼儿带来了一个用月饼盒装饰的草地，上面有小树、石头、小河，还有小桥。孩子一下被这美丽的教具吸引了，纷纷好奇地问："老师，这是什么？真漂亮！"我神秘地对他们说："这是我给小蜗牛做的家。""小蜗牛在哪里呀？""在这里。"我拿出了事先准备好的蜗牛，把它放在了小桥上。"快来看看小蜗牛什么样？"幼儿一边欣赏一边讨论着。乐诗："小蜗牛是卷卷的。"天铭："上面有眼睛。"黄滢睿："看，前面还有嘴巴呢！""那怎样才能制作出可爱的小蜗牛呢？"我接着问。侯宇萱："搓面条。""可搓完面条是长长的，不是卷卷的呀？"于也博："那再把面条卷卷。"孩子们一边说，我一边操作手中的橡皮泥，很快一个可爱的小蜗牛就做好了。孩子们看到我做出的蜗牛顿时又来了兴趣，纷纷开始尝试做蜗牛。在随后的日子里，我又给孩子们提供了蚂蚁王国的背景道具、可爱小兔的立体教具……使孩子们在掌握基本技能的基础上利用简单的辅材（牙签、剪刀、毛根等）加以装饰，成为一个新的情景。

围绕专题活动，支持幼儿创造性的表达

今天的美工区，黄滢睿在认真地操作着橡皮泥，不一会儿就团成了一个圆球，将圆球插在牙签上举起来高兴地对一旁的樊朴真说："看，这是我做的棒棒糖。"樊朴真看了马上也模仿着做了起来。活动后，两人将作品摆在了窗台上。许多孩子都围在窗前议论着今天出现在窗台上的两个作品。我想：棒棒糖是孩子们最喜欢的食物之一，由于颜色鲜艳，形状富于变化，贴近幼儿的生活，符合小班幼儿的兴趣，可以作为很好的捏泥素材。可以利用棒棒糖多种多样的外观形状，激发幼儿丰富的想象，进行创意表现。而且我班幼儿由于前期积累了一些基本的技能和经验，可以尝试利用棒棒糖这个专题使幼儿在原有水平上进行创造表达，往前迈一步。

第二天，我便到超市挑选了一些适合的棒棒糖带到幼儿园，孩子们也带来了他们收集的棒棒糖。段夕昀："看看我带的是喜洋洋棒棒糖！"樊朴真："我带来了草莓味的棒棒糖。"果新岳："我带的是大饼棒棒糖。"……看到孩子对棒棒糖的外形如此感兴趣，于是我开始引导幼儿观察棒棒糖的外形特征，并利用棒棒糖的外形特征给他们命名，如麻花棒棒糖、蜗牛棒棒糖、油条棒棒糖、香肠棒棒糖、螺丝棒棒糖……通过命名活动我发现，孩子们能细致地观察并真正抓住棒棒糖的主要特征。在命名后，我请孩子们说一说"你喜欢哪个棒棒糖"并讨论制作的方法，黄滢睿："我想做像蜗牛一样的棒棒糖，把橡皮泥搓长了盘起来就可以了。"刘子辰："我想做麻花棒棒糖。"……孩子们一边说一边迫不及待地操作了起来，我给孩子们提供了小棍和棒棒糖的插桶，孩子们在做完后将作品插在了棒糖桶上更是逼真、形象。有的孩子一连做了好几个棒棒糖，直到要户外活动了才恋恋不舍地离开教室。这次活动后，我发现孩子们的捏泥技能越来越高、越来越细致。我利用网络又搜寻了一些小动物的、食物的、简单生活用品的棒棒糖照片和孩子们一起欣赏，边欣赏边和孩子们自然地讨论，引导他们观察，使孩子们扩展了棒棒糖外形的经验。在随后的活动中，许多孩子利用我们已有的经验创造出了自己的棒棒糖，有蚂蚁棒棒糖、汉堡包棒棒糖、小兔子棒棒糖、小人棒棒糖、小鱼棒棒糖、乌龟棒棒糖……真是琳琅满目。在这次的活动中我发现，当孩子们掌握了基本的技能后，需要教师及时给予引领，让孩子在原有基础上得以提高。幼儿对事物的表现不能局限于教师的示范，而是要他们通过自己的观察、感知和理解后表现出来的，这样才是最真实的。

通过开展捏泥活动使我深切感受到，兴趣是孩子最好的老师。对于能带给他们快感并让他们获得成功体验的活动，幼儿总是乐此不疲，并能表现出不凡的创造性。教师要抓住幼儿的年龄特点，利用专题挖掘教育价值，才能有效地促进幼儿捏泥水平的提高。

（袁慧颖）

五、语言区

案例 贪吃的变色龙（小班）

在“彩色的世界”主题活动中，有个故事叫《贪吃的变色龙》。每次听到这个故事孩子们都会惊奇地叫着：“哇!”“太好玩了。”“真有意思。”……于是在图书区里我投放了自制图书《贪吃的变色龙》。为了更进一步发展孩子的想象与表达能力，我决定引导大家来编故事。

今天我在图书区讲完这个故事后，问大家：“变色龙要是去你家，你会让它吃什么呢?”沙沙说：“让它吃巧克力。”我问：“那会变成什么色的?”沙沙说：“巧克力色的。”天天说：“不对，是棕色的。”我又问：“还能吃什么？又变成什么颜色呢?”乐乐说：“吃草莓，会变红色。”一一说：“吃黄瓜，会变绿色。”“哈哈哈……”大家边说边笑，图书区里一下子就热闹了起来。

孩子们的话让我意识到可以开展几次仿编故事活动将幼儿的兴趣继续延伸。但在小班进行故事仿编活动是否特别难呢？这个年龄段的幼儿还不能理解仿编故事的结构，他们思维水平处于具体形象性思维，让孩子们凭空去想象，还要用语言表达出来，就显得比较困难的。虽然存有疑虑，但是，从今天的谈话中，我觉得还是可以尝试一下的。

为了能让孩子们成功地仿编故事，我首先做了以下工作。

第一，为幼儿创设一个宽松的讲述环境。《纲要》中说：“发展幼儿语言的关键，是给孩子创设一个能使他们想说、敢说、喜欢说、有机会说并能得到积极应答的环境。”所以，我并没有急于开展仿编活动，而是在图书区中投放了这本故事书，请幼儿简单讲述故事，熟悉故事的情节。

第二，帮助幼儿体验故事的结构，分解创编的难点。为了让孩子们更充分地体验故事的结构，我在指导图书区时，特别强调“吃了什么，什么部位变了”的故事框架，帮助分解仿编的难点。

第三，利用艺术形式来辅助幼儿讲述。《纲要》在描述3～4岁幼儿艺术领域的年龄特点时，有这样一句话给了我启示：“由于幼儿的言语能力不足，艺术活动经常成为他们表达对周围事物认识和情感态度的方式与手段。”可不可以利用艺术活动来帮帮忙呢？我们班的幼儿一直对涂色、绘画很感兴趣，是否可以利用绘画的形式，支持孩子们表达自己的想法呢？于是，我设计了一张图画纸，在纸的左边画出了三个格子，格子里画出变色龙所吃的食物；在右边画了一只变色龙，孩子们可以给变色龙的身体部位上涂上相应的颜色。

我先讲解了怎样使用纸上的格子，简单示范了一下绘画的方法，然后孩子们便开始创作了。与以往不同的是，这次绘画活动每个孩子都充满兴趣，“它先吃了一个苹果，尾巴就变红色……”他们一边涂色，一边讲述，画着说着笑着，不一会儿，这只变色龙就变成了五颜六色的了，好神气呢。“老师，您看我的！”“我的漂亮吗？”……孩子们把画举得高高的，让我看。我对他们说：“真漂亮，可老师还不知道它是怎么变色的呢？谁能给我们讲一讲？”先画完的孩子，便开始给好朋友、给老师讲述。孩子们对照着画都能说出自己的想法，并且能够完整地把“吃什么，什么部位变了”表达出来，个别能力强的幼儿能基本完整讲述下来呢。我把孩子们的作品展示在墙上，孩子们来到语言区，指着自己的画兴奋地讲着变色龙的故事，讲述的兴趣更浓了。

这次活动让我的思路一下子就拓宽了，小班幼儿仿编故事确实比较难，但是通过恰当的方式来引导孩子，就能够很好地指认和表达，使幼儿表达出自己富有个性的想法。我成功地把语言领域和艺术领域融合在了一起。《纲要》中指出：“互相渗透的各领域教育是发展幼儿语言的重要途径，教师要善于把握教育时机，培养幼儿语言表达的兴趣与能力。”可见，领域之间是相互渗透、互相影响的。在教育活动中我们会强化这种意识，注意领域间的相互渗透，使不同领域的经验有机联系在一起，从而让孩子们获得整体的、丰富的经验。

（梁海谊）

论文1　如何激发幼儿的阅读兴趣

一说起“早期阅读”，人们往往容易把它与识字联系在一起——不识字怎么阅读呀？其实早期阅读的范围是很宽泛的。北京师范大学的刘炎教授认为，婴幼儿凭色彩、图像和成人的言语以及文字来理解以图文为主的低幼儿读物的所有活动都是早期阅读。如用拇指一页一页地翻书，会看画面，能从中发现事物的变化，将之串联起来了解故事情节，了解故事中的各种关系；会用口语讲述画面内容，或听成人读书中的故事等，都是早期阅读活动。通过多种阅读活动，孩子会逐渐把字的形、音、意结合起来，领悟词句结构和词意神韵，使他们对文字驾轻就熟，为其今后的学习打下良好的基础。如何培养幼儿早期阅读的兴趣呢？

（一）选择适宜的图书，激发幼儿阅读的兴趣

孩子阅读兴趣的有无、能力的强弱，与图书的选择有着较大的关系。所以我们要选择符合孩子年龄特点和当前发展水平的，符合孩子兴趣的读物。中班幼儿开始喜欢看书和图片，而且还边看边说，但由于孩子的识字能力有限，可以为他们准备图文并茂、故事内容生动有趣、情节简单、形象突出、画面清晰、色彩鲜艳、文字简单、朗朗上口的图书，如《谁带来了雨》《谁的生日》《拍花箩》等；中班幼儿的思维能力、手眼协调能力有了进一步的提高，喜欢探索，对科学事物感兴趣，我根据孩子们的这些特点为他们选择了难易程度不同的迷宫图书及科学知识类的图书；我班个别幼儿的识字能力较强，我就为他们提供了手指猜猜书，幼儿可根据阅读简短的文字，回答问题，把小手指放进正确答案的洞洞里，孩子们很喜欢；中班幼儿分辨是非的能力明显增强，我们就为他们选择了一些情节稍微曲折、内容健康向上、人物善恶分明、以动物为主的图书，但画面要生动活泼，背景不要过于复杂；对个别能力较弱的幼儿，我也相应为他们投放了画面生动活泼、背景不过于复杂的图书。此外，我们还可以选择一些益智类的图书，如找不同、谁多谁少、拼图故事等，有利于孩子语言、观察、思维等能力的进一步发展。

（二）创设良好的阅读区环境，激发幼儿阅读的兴趣

置身于一个相对独立、安静而舒适的空间阅读，无疑是一种享受。所以，我们的阅读区域设置在一个相对安静、光线充足的角落里；放置两张书桌，铺上线条朴素的棉布，再投放几个靠背，以便于孩子放松自在地阅读；在墙壁上设计卡通图案，以提示幼儿图书区的阅读规则；不同图书有不同的摆放形式，如在书架上以数学符号为标记摆放上幼儿喜欢的图书；在墙面上利用透明膜做成一个个的口袋，每个口袋中相应插入一个故事的图片，方便幼儿取放；在书筐中分类插入各种图书，如迷宫类、故事类、自己制作的图书等。

（三）师幼互动，激发幼儿阅读的兴趣

1. 当幼儿的阅读遇到困难时，用启发、诱导的方式将阅读兴趣推向深入。比如，由于幼儿以无意注意为主，阅读时目光常常被图书中生动的形象或自己感兴趣的画面所吸引，注意出现跳跃性的特点，思维过程呈现一种无序状态，影响阅读理解。为此，在阅读中，教师经常提醒幼儿从上到下、从左到右有顺序地阅读，引导幼儿仔细观察画面，让幼儿对各种角色的表情、动作及角色间的关系进行仔细观察、分析和判断。另外，受经验和思维局限，幼儿要准确识图有一定的困难。据此，我们根据幼儿的认知水平和心理特征，对于单幅图，重在引导幼儿抓住画面的整体特征，仔细观察，发挥幼儿的想象，丰富对故事内容的理解，并用语言表达出来。

2. 在指导幼儿阅读的过程中，采取设疑的方法，帮助幼儿逐步学会分析、判断、推理、归纳的能力和求异、求新的思维，引导幼儿联系自身及实际生活理解阅读内容。让幼儿由第一幅图片引起思维的想象、推理，带着疑问去观察、查询画面提供的故事情节。当幼儿初步看懂画面后，教师又通过问题引导幼儿思考，通过师幼互动的交流讨论，使幼儿从具体形象思维上升到初步的抽象逻辑思维。而当幼儿掌握故事内容后，教师又及时引导幼儿进行想象迁移，设置游戏。在整个阅读活动中，幼儿体验到了阅读的快乐，思维由发散到集中，又由集中到发散，始终处于积极状态，不仅语言能力得到了发展，同时创造性思维也得到同步发展。

3. 引导幼儿创造延伸。好多故事都隐含了一定的道理，阅读结束后，我们要对作品中人物及事件的发展提出问题，引发幼儿思考、质疑，感知作品中隐含的道理。当然，有些故事我们还可以让孩子自由地发挥想象，改编或续编出更为精彩的结尾。无论改变成什么样的故事，我们都应给予鼓励。因为这种阅读后的假想，能为他们带来更多的快乐，有利于他们各种能力的发展。

（四）适时更换图书，激发幼儿阅读兴趣

要想保持孩子的阅读兴趣，关键之一是适时适量地更换图书，给孩子的读书增添新的内容。例如，每天孩子进入阅读区域的人数有限，阅读的书籍也是有限的。所以为了满足孩子们的阅读需求，我们给每一位幼儿都制作了借书卡。每周一借书，周五前还书，幼儿都能遵守规定按时还书，并保持图书的整洁。很快幼儿园内的图书就看完了，于是我特意从图书室借来了一本《自然王国的奥秘》，推荐给幼儿看。通过这种方式激发幼儿阅读的兴趣，同时也借助这种方法让每一位幼儿可将自己家中的图书介绍给大家看，既锻炼了孩子的语言表达能力，又利用了幼儿资源拓展了孩子的阅读空间，激发了幼儿的阅读兴趣。

一个人只有在真正认识到做一件事的价值和意义时，才能更加迅速地萌生主动参与的意识，才能更有热情和激情地参与其中。因此，要想让孩子养成勤于阅读的习惯，我们还得时常和孩子去图书馆、书店走一走，在书的海洋中，让他们抚摸那散发着油墨芳香的书籍，阅读那精美生动的画面，感受那如痴如醉的阅读氛围，让孩子体验到阅读的愉悦。时常沉浸于这种书香氛围，不但有助于孩子阅读习惯的养成，还能更好地扩大孩子的知识面，陶冶身心。

总之，幼儿阅读的兴趣要从多方面着手培养，同时老师也要做一个细心、耐心的引领者，只有激发幼儿浓厚的阅读兴趣，才能使幼儿叩开阅读的大门，在书的海洋中尽情地遨游，快乐地成长。

（袁慧颖）

论文 2　大班如何利用图书区培养幼儿阅读的兴趣

书是知识的宝库，智慧的源泉，从小培养幼儿爱读书的习惯可使幼儿受益终生。但在平时的观察中，我发现班里很多幼儿对阅读没有兴趣，表现为不喜欢来图书区，在图书区找不到自己喜欢的图书，还有幼儿看书时翻翻这本，翻翻那本，不能针对一本书进行深刻阅读……从这些表现中我们归结出幼儿阅读兴趣不浓有以下几点原因：第一，没有良好的阅读环境，导致幼儿不喜欢来图书区；第二，书籍种类贫乏，不能满足幼儿的需要；第三，在阅读后无后续活动，不能很好地激发幼儿的阅读兴趣。根据以上几点原因，我尝试了一些新的探索。

（一）创设温馨的读书环境，吸引幼儿来此阅读

为了吸引幼儿来图书区阅读，我们把图书区设置在阳光充足、较为安静的区域，并在图书区创设了温馨和谐的环境，例如张贴大张的“小朋友在阅读”的粘贴画，投放卡通靠垫，幼儿可以坐在垫子上看书。在墙饰的创设中以重点推荐阅读的图书或新投放图书的图片为背景，并设有“好书推荐”专栏，每周我们都会向大家推荐一本好书，并以书中的主要情节或主要人物为图案制作漂亮的宣传画，来吸引幼儿到图书区阅读。在桌子上还摆上漂亮的花瓶，幼儿也可以围坐在桌子旁看书。环境的改变果然吸引了很多幼儿，有些孩子会三三两两地围坐在桌旁分享读书的快乐，有的孩子则会选一个舒服又漂亮的靠垫坐在角落里独享阅读时光。一段时间后孩子们还和父母一起制作了好书推荐宣传画，张贴在推荐栏内，把自己家中的好书带来与大家一起分享，慢慢的，来图书区的幼儿越来越多了。

（二）为幼儿准备种类丰富的图书

大班幼儿求知欲更强，思维更活跃，生活经验更丰富，眼界更开阔，因此图书的种类也可更多一些。为此我们投放了故事类、科普类、益智类等不同类型的图书，满足不同幼儿求知的需要，并激发幼儿广泛阅读的兴趣。

在最初创设图书区时，我先让幼儿把自己家中的图书做个统计，在统计的过程中我们发现幼儿之间不但有图书多少的差异，而且还存在图书类型的差异，有的幼儿图书类型广泛，有故事类、科普类、益智类，有的幼儿仅限于故事类的图书，为了让幼儿发现这一点，我们找了两份典型的统计表，一份是图书类型比较全的，一份是只偏重一种故事类图书的，在比较的过程中幼儿发现了其中的差别，我请图书类型较全面的小朋友将自己各类型的图书都拿来两本，讲给大家听，幼儿从中了解到原来每类图书都有它各自的好听之处，能让我们学到不同的知识。有了这个经验的积累，我带领小朋友一起投放图书区的图书，我们先将班中现有的图书进行整理分类，发现故事类的、益智类的多，科普类的少一些，我们又从幼儿园图书馆中借了一些科普类图书投在图书区。另外在主题教学过程中，我们也搜集了一些关于主题的书，在图书区不断完善的过程中，我们还把故事类的图书分为原始类（即现成的故事书类）、自编类（无字的图书）、图片类，这样使图书区的内容越来越丰富起来。

（三）在图书区开展游戏活动，激发幼儿阅读的兴趣

图书的种类丰富了，还要有适当的方式激发孩子去图书区阅读，我们开展了“我是故事大王”“知识小博士”“自制图书”等活动。

1.“我是故事大王”。

在我班图书区有很多故事类图书，幼儿通过自己阅读，熟悉了许多有趣的故事。随着图书阅读活动的不断深入开展，孩子们在闲暇时总会谈论有关阅读图书的事情。一天珊珊说：“我昨天看了一本特别有意思的书，讲的是——”彬彬说：“这算什么，我看的那本才好呢，讲的是——”看到孩子们这么有兴趣，于是我和大家商量在班里开展“我是故事大王的”评比活动。建议一经提出立刻得到孩子们的响应。大家开始商量评比的规则，最后大家商定每两周举行一次，每次五名小朋友参加，小朋友自愿报名，由其他小朋友投票选出获胜者，获胜的小朋友可以获得印有“故事大王”的奖牌，还可以把自己的照片粘贴在图书区“故事大王”栏上，每次小朋友都踊跃报名参加，老师也尽力给每位幼儿提供机会，不断激发幼儿的兴趣。

2.“知识小博士”。

“我是故事大王”的活动开展一段时间后有一些孩子开始提出抗议：“老师总是评故事大王，什么时候评知识大王呀?”孩子们这么一说，提示了我，幼儿的性格不同，喜好也不同，爱看的书也不同，应该关注幼儿的个体差异，为所有幼儿创设展示的机会。在《纲要》科学领域幼儿发展评价要点中有这样的表述：“能否主动谈论科学内容的话题”“是否喜欢阅读科普图书等图文资料，是否与他人分享自己阅读的快乐。”于是我立即把这个建议反馈给大家，请所有的小朋友帮忙想办法。就这样“知识小博士”的活动便开始了。我们从幼儿经常看的科普图书上找了一些内容制作成小题纸，幼儿自愿报名参加知识竞赛，并自愿结组，其他幼儿当观众，获胜的小朋友可以得到“知识小博士”的奖牌，也可以把照片贴在“知识小博士”的评选栏里。这样一来，喜欢阅读科普书籍幼儿的积极性也被调动了起来。

以上两个小活动，在幼儿当中产生了意想不到的效果，以前比较偏爱某一方面书籍的小朋友开始互相影响。喜欢科普书籍的幼儿也开始喜欢看故事书了，而只喜欢看故事书的幼儿也逐渐开始喜欢科普读物了。这给了我们很大启示，应该引导幼儿更加广泛的兴趣，由单一、简单的活动逐步引导幼儿向更深层次、更广泛领域的发展。于是我们又开展了下面的一些小活动。

3. 和幼儿一起自制图书。

比起购买的图书，幼儿自制的图书虽然没有那么精细，但往往更能引起孩子阅读的兴趣，因为幼儿自己制作的图书往往表达的是自己经历的一件事或幼儿自编的一些情节，是幼儿熟悉的、贴近他们生活的内容。在阅读时孩子们交流的话题更多了。

（1）照片故事。我们利用幼儿带来的照片制作了许多照片故事书，如“我的五一劳动节”“我的旅游经历”“我学跳绳”等，供幼儿阅读、讲述。

（2）连环画图书。我班有些幼儿绘画能力很强，连环画图书很适合这部分幼儿，幼儿把自己的一些经历或看到的事画下来，制作成一个有情节递进关系的图书，幼儿还能自己设计封皮、封底、页码，这些图书很受班里小朋友的欢迎。

（3）关于新闻的图书。关注、了解、收集信息是大班幼儿能力培养的重点，所以我们班还制作了一些新闻图书，如在奥运火炬传递期间，小朋友们都很关心奥运火炬，这也是孩子们议论的话题，我们就利用剪报制作了一本“奥运火炬在传递”的图书，这本书成了小朋友们关注的焦点。

另外，将图书区的阅读活动与其他区域的活动有效地结合起来，能帮助幼儿更好获得早期阅读经验和查阅资料的经验，同时也能培养幼儿阅读的兴趣。例如，我们在美工区教孩子折一些东西后，孩子们有时候某些步骤记不清，常会追着老师问个不停，根据此情况我们在美工区投放了折纸书，并教会孩子怎样看步骤图，这样的书我们称为“工具书”，当孩子遇到此类问题时就可以自己找“工具书”帮忙了，除了在美工区投放“工具书”，我们在建筑区、科学区都投放了一些“工具书”，以此促进幼儿在区域中的活动。

书籍是通往知识殿堂的一扇大门，从小培养幼儿对图书的热爱，有效激发幼儿阅读的兴趣，对幼儿今后的学习生活乃至一生都是受益匪浅的，而激发幼儿兴趣的方法是多种多样的，其符合幼儿的年龄特点以及早期阅读的教育规律。在我们不断实践、探索、研究中将会产生更多的有效激发幼儿阅读的策略。

（王彩红）

六、表演区

案例　难忘毕业演出（大班）

大班孩子即将走入小学，在毕业之前进行一次毕业演出，是我和孩子们的心愿。为筹备这次演出，我打算与孩子们商量演出节目以便能早些排练。

自己定演出剧目

这一天，我请大家说一说喜欢表演哪一个节目，并说明理由，孩子们找到很多故事，比如《三只蝴蝶》《白雪公主》《灰姑娘》《三只小猪》等。在阐述自己为什么选择这个故事时，美美说："我觉得《狼和小羊》好，这个故事可以让小朋友带上头饰表演，里面还有很多的角色。"紫琼说："《白雪公主》这个故事很好听，而且还可以有很多人参加演出，如小矮人呀、公主呀、巫婆呀、王子呀。"然然说："我觉得《三只蝴蝶》好，而且在中班我们就会讲这个故事了，蝴蝶翅膀的道具非常好找。"孩子们共说出了七八种表演的故事，我问："你们有这么多故事想表演，但是咱们还有唱歌跳舞的节目，所以故事表演的节目最多只能选三个。""我们说一个故事，就举手，看哪个故事举手的人多就选哪个故事。"静文说。孩子们都觉得这个方法好，经过大家选举，《白雪公主》《三只蝴蝶》和《狼和小羊》这三个故事得票最多，最终成为演出剧目。我想，表演故事是孩子们自己定的，经过孩子们的努力一定能获得演出成功。

自己设计舞台背景

确定了演出剧目，孩子们就进入了紧张的排练阶段。这一天，表演区的排练结束之后，有的孩子提出："老师，我们演得都不一样，可是背景却都一样。"于是茜茜说："那咱们就换呗！"我问："咱们都有什么地方需要换背景呀?"刘岩说："演《白雪公主》时，白雪公主在森林里和在王宫里的不一样，得换。"田思佳说："我们小矮人出场时的背景应该和王子出场时不一样。"于是，孩子们决定把背景做成三部分：森林背景可以在白雪公主逃跑时和老巫婆出现时用；城堡背景可以在王子出现时用，小矮房子可以在小矮人出现时用。《三只蝴蝶》可以用森林背景，《狼和小羊》可以用小矮房子背景。确定了舞台背景，孩子们就开始分头制作了。

自己制作道具

在排练的过程中又有孩子提出："我们表演时需要很多的道具，现在没有，特别影响表演效果。"于是我与孩子们分组讨论了都需要什么道具，我们的道具谁来做，谁来管。通过讨论，白雪公主组商量出需要裙子、白马、梳子、苹果、披风、小锤子等，我把孩子们需要准备的道具记录下来并念给他们听。孩子们听得可认真了，有的幼儿还提出了修改意见。接下来，大家开始商量怎样准备道具。田思佳说："老师，我有白雪公主的裙子，是白纱裙，我弟弟有王子穿的小礼服，我们带来给表演区用。”刘岩说：“我家有个塑料苹果，我明天就拿来。”薪华说：“老师，我带梳子吧！我家有好几把呢！”陈溪说：“我们舞蹈班有白马的道具，我找妈妈帮忙借一个。”吴老师说：“我有一个披风可以借给你们用。”七个小矮人的锤子需要制作。三只蝴蝶组讨论需要花、蝴蝶、太阳、风的道具，张奥然、美美说他们可以找到蝴蝶翅膀，其他道具需要制作。狼和小羊组讨论出可以用户外的棉布包代替石头，需要做大象、公鸡的头饰。最后，统计出需要制作的道具有七个小锤子，三朵花的头饰，太阳、风、大象、公鸡的道具……实在是太多了，仅仅靠表演区的几个小朋友制作是完不成的。孩子们决定请美工区的小朋友帮忙制作道具，并提出可以画出需制作的道具，并注明用多少。这样，就可以到美工区“订货”了。

自己寻找合适的音乐

在《白雪公主》剧本中，他们觉得“小矮人”出场时要配上音乐，效果会更好，于是又有孩子想到户外活动时，沙老师常给我们放的《加沃特舞曲》非常适合小矮人出场，可以找沙老师借一下。我提醒幼儿向别人借东西要有礼貌，然后孩子们就选出两名代表去借音乐了。当孩子们回来的时候，脸上带着兴奋与喜悦，并迫不及待地试听，大家都对音乐效果很满意。

分工完成演出任务

经过孩子们的辛苦排练，终于可以准备演出了，在我们的引导下孩子们决定彩排一次。小演员们得到了观众的掌声，受到了很大的鼓舞，但与此同时，他们也发现了很多问题，如有人来看表演时太乱，还大声说话，让演员感到不舒服；换服装很乱，差点误了演出；还有的演员老忘词，或是该哭的时候还笑。根据孩子们自己发现的这些问题，我们组织幼儿讨论出办法，孩子们成立了道具组、表演组、导演组和接待组，根据不同的分工完成自己的任务，例如，道具组的小朋友需要负责几个节目的道具，演什么就准备好什么；接待组的小朋友负责制作门票、检票、介绍节目、带观众到观众席就座、向观众提出看演出的要求等；表演组的小朋友就负责表演，既要想办法演好，又要记住表演的语言、动作、表情；导演组的小朋友则是看整场表演需要什么就去提醒、帮忙。活动过程中，孩子们通过讨论、协商、分工、合作调动已有经验自己去解决问题。

自己想办法，为演出做宣传

通过讨论，孩子们决定在6月6号这天在多功能厅为弟弟妹妹们表演我们的节目。这时，我问孩子们："咱们有什么办法让全园的弟弟妹妹们都知道我们要演出了？"李超说："我们去大门口宣传吧。"单明灏说："我们象以前宣传一样，贴一张大的宣传通知。"孙浩说："我们可以到班上一个一个通知。"王子卓说："我们从大门口发宣传画吧。"……孩子们想出了许多办法，我问孩子们："怎样能最快最好地宣传？"孩子们决定把几种办法都用到，就用分组的方法去宣传，有去各班宣传的，有制作大海报宣传的，有制作宣传画的，还有请园长帮忙宣传的。宣传活动获得了成功，孩子们得到了园长、教师、其他班幼儿的积极评价与大力支持，孩子们在交往中增强了自信心。

演出

正式演出开始了，台上台下都有孩子们忙碌的身影，整个会场井然有序，家长们也激动地来参加，他们惊讶于孩子们自己就可以服务、主持、演出，孩子们俨然成为"小大人"。演出节目精彩纷呈，阵阵掌声表明演出获得了巨大成功。

孩子们经历了从排练到演出的全过程，他们自己选择剧本，准备道具、音乐，自己排练、宣传，孩子们在自己做决定，自己解决遇到的各种问题中，独立性、自信心、主动性发展起来，这才是幼儿一生的宝贵财富，我希望这次演出能成为幼儿童年的难忘经历。

（郝继红）

第二节　操作材料的研究与开发

一、手眼协调区材料照片与说明

（一）海底世界

活动目标：

1. 学习粘粘链、按子母扣和系纽扣的方法。

2. 发展幼儿手指动作的灵活性和手眼协调能力。

适宜年龄：2～3岁。

玩法：引导幼儿选择适合自己的方法练习粘贴、按扣、系扣，或是由易到难地学习粘贴、按扣、系扣的动作来装扮小鱼，并布置到海底世界的情境中。

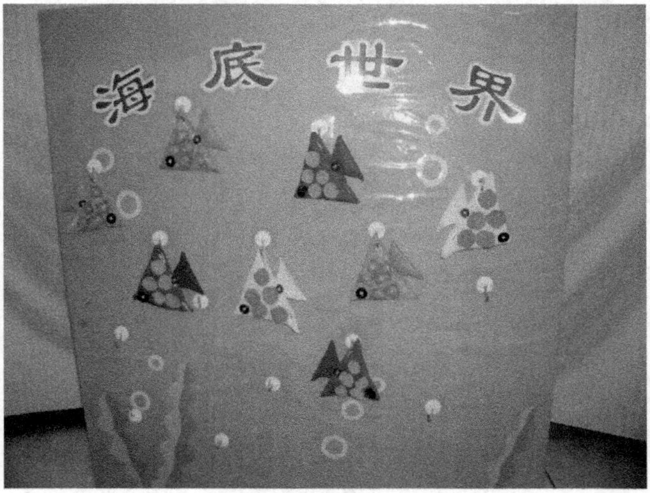

（刘宏丽）

（二）给小鱼穿衣服

活动目标：

1. 学习按子母扣的大小进行匹配。

2. 学习拇指按的基本动作。

3. 发展幼儿的手眼协调能力。

适宜年龄：2.5～3.5岁。

玩法：以给大鱼穿衣服为情境，引导幼儿按照子母扣的大小，分别将“鱼鳞”扣在大鱼的身上，变成一条漂亮的大鱼。

（袁慧颖）

（三）红红的辣椒串

活动目标：

1. 练习系盘扣的方法。
2. 发展幼儿手指动作的灵活性和手眼协调能力。

适宜年龄：3～4 岁。

玩法：将辣椒与扣眼一一对应系好，成一串红辣椒。

（袁慧颖）

（四）多功能美洋洋

活动目标：

1. 学习系纽扣、子母扣、拉拉链的方法。

2. 发展幼儿手指动作的灵活性。

3. 锻炼幼儿的手眼协调能力。

适宜年龄：3～4 岁。

玩法：

1. 以喂美洋洋为游戏情境，引导幼儿用小勺为其舀喂食物。

2. 以给美洋洋穿衣服为情境，引导幼儿由浅入深地学习扣子母扣、系扣子、拉拉链的方法。

3. 也可将两种方法结合，先为美洋洋穿衣服，再喂食物。

（孙淑芝）

（五）小动物找家

活动目标：学习用小勺舀的动作，发展小肌肉动作的稳定性以及手眼协调能力。

适宜年龄：3～4 岁。

玩法：以小动物找家为情境，引导幼儿用小勺舀起一个弹力球后，观察小球上的动物，然后从“楼房”中找到与之相同的小动物图案，将小球平稳地放进去。

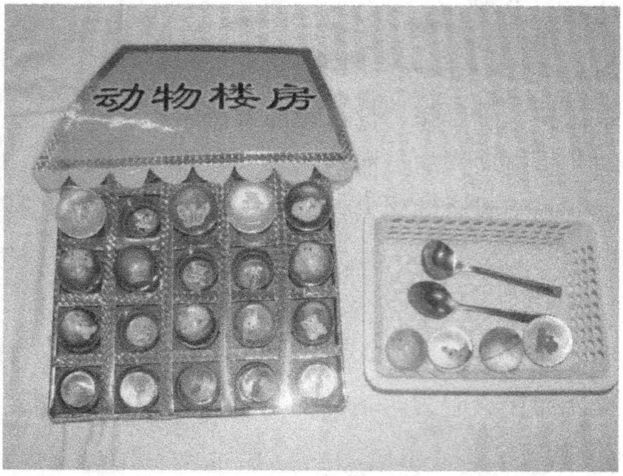

（袁慧颖）

（六）小动物穿衣服

活动目标：

1. 提高幼儿操作的目的性，练习穿、绕的基本动作。

2. 锻炼幼儿手眼协调能力以及小肌肉动作的灵活性。

适宜年龄：3～4岁。

玩法：秋天到了，小羊觉得好冷啊。此时鼓励幼儿给小羊穿上暖和的衣服，可让幼儿用线一圈一圈绕在小动物的身体上。也可让幼儿用线沿着小洞一个挨着一个进行穿线练习。

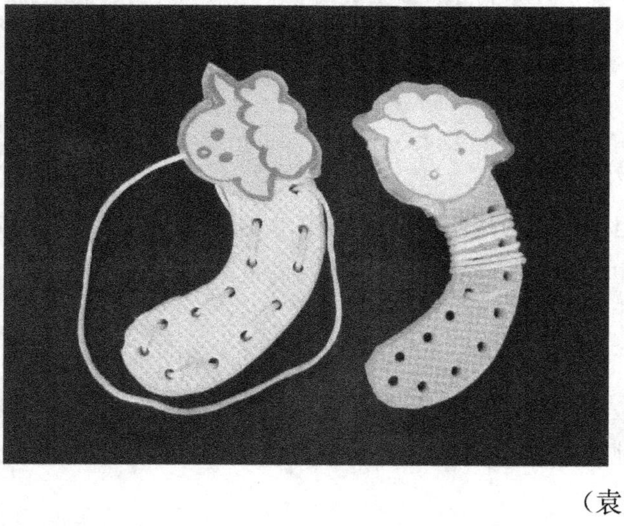

（袁慧颖）

（七）操作布书

活动目标：练习手指小肌肉的灵活性，培养幼儿的生活自理能力。

适宜年龄：3～5 岁。

玩法：引导幼儿由易到难地学习各种操作方法，或者开展闯关游戏，一种操作方法（系扣子、拉拉锁、系皮带、编辫子、打蝴蝶结）为一关，看看谁能全部闯关成功。

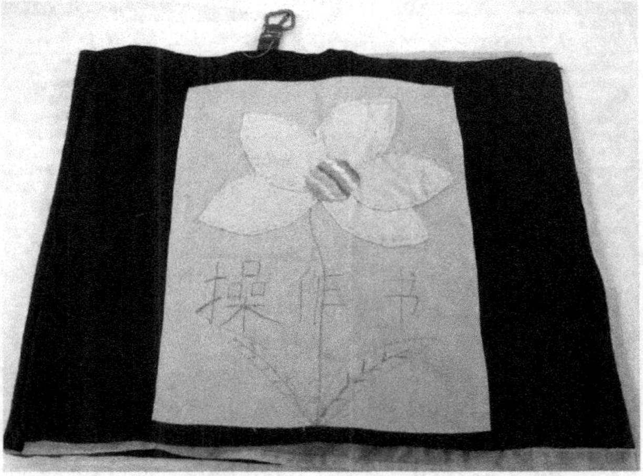

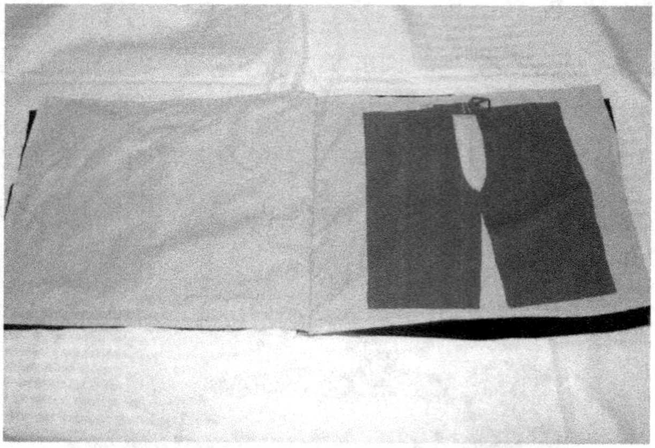

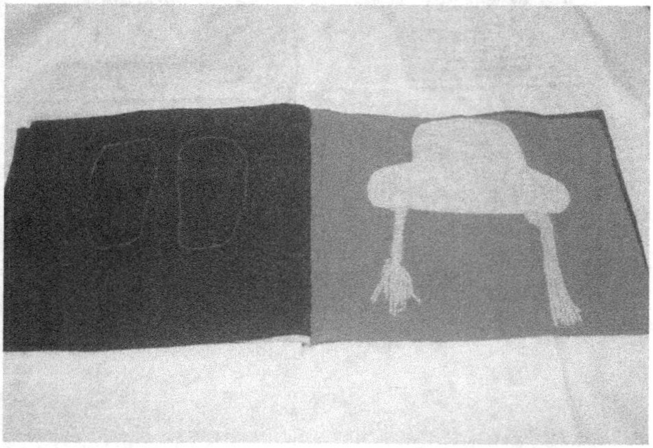

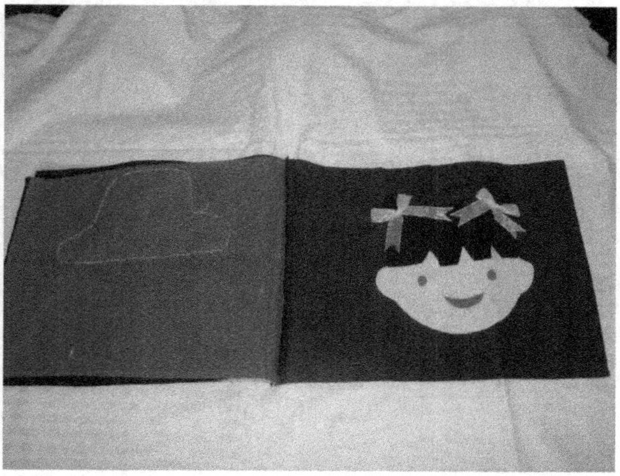

（朱艳红　纪雨梅）

（八）小球进洞

活动目标：

1. 锻炼幼儿小肌肉的控制能力和手眼协调能力，感受用力方向与物体运动的关系。

2. 培养幼儿的专注力和手的稳定性。

适宜年龄：3～5岁。

玩法：初玩者可选择球大洞少的简单材料，通过观察小球的位置来左右晃动盒子，使小球逐一进入洞中；稍熟练的幼儿可选择“花型”“动物型”等较复杂的材料进行操作，小球完全进洞则表示成功。

（袁慧颖）

（九）有趣的穿编

活动目标：

1. 学习穿编的基本方法，体验操作成功的乐趣。

2. 训练手指的灵活性和准确性。

适宜年龄：4～5岁。

玩法：

1. 幼儿选择喜欢的材料，如菠萝、葵花（如图1、图2）等尝试穿编。教师根据幼儿需要，指导幼儿将彩色纸条与图形上的小条呈十字方向摆放，将小条一上一下地穿过，并推到最上方。下一根彩条则以一下一上的规律穿编，依次排好，直至将菠萝穿编完成。让幼儿获得美的感受，体验成功的快乐。

2. 在幼儿掌握了基本的穿编方法之后，可引导幼儿进行创意穿编。如穿编小鱼（如图3）。选择两根对折好的彩色纸条，将对折的中心部位呈垂直角度彼此压好，再次取彩色纸条，穿在边缘的纸条上，并按照基本的穿编方法，编织成一条漂亮的小鱼。

3. 在创意穿编的基础之上，可引导幼儿用穿编的方法来装饰自己的生活，如制作花瓶（如图4）。剪去废旧的洗涤灵瓶上面的部分，将瓶体纵向剪成条状，将彩色的纸条按基本的穿编方法进行穿编，穿一圈之后，利用胶棒粘牢，推到最下方。以此方法，将花瓶装饰完成，可插入几朵小花摆在窗台、桌上，装饰自己的生活。

图1

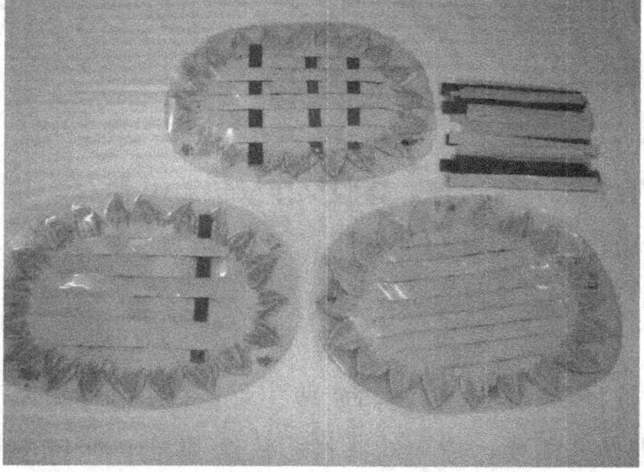

图2

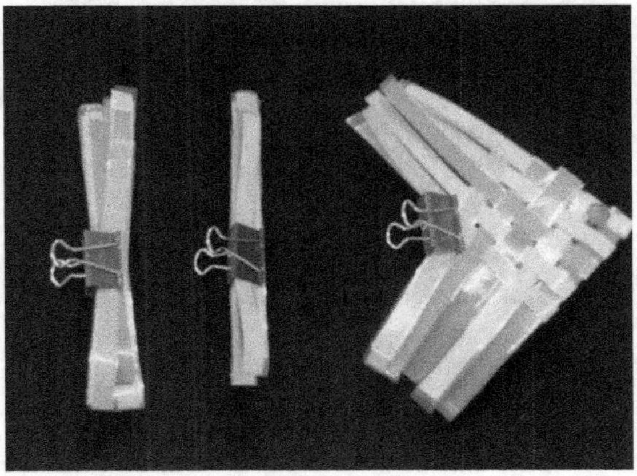

图 3

图 4

（王志媛）

（十）小相框

活动目标：

1. 学习绕的基本方法。

2. 能自由绕线盒，有规律地绕线。

适宜年龄：4～5 岁。

玩法：鼓励幼儿选择自己喜欢的小动物，在线板上为其绕成漂亮的相框。开始可随意绕，熟练方法后可以按规律绕出美丽的相框。

（李辉）

（十一）帮喜洋洋穿门帘

活动目标：

1. 发展幼儿手眼协调能力，提高穿的技能。

2. 引导幼儿在操作中发现规律，培养幼儿的耐心和做事的专注性。

适宜年龄：4～5岁。

玩法：以给喜洋洋穿门帘为情境，激发幼儿的兴趣，幼儿可随意穿，也可按照教师所提供的模板进行有规律的穿，熟练后还可以自己创造规律穿门帘。

（马静）

（十二）给娃娃穿衣服

活动目标：

1. 激发幼儿对穿孔活动的兴趣，尝试进行有规则的穿。

2. 发展小肌肉动作的协调性，以及手眼协调能力。

适宜年龄：4～6 岁。

玩法：以给小娃娃穿花衣、穿手镯为情境，引导幼儿用线由塑料网中穿出，再穿上一个小珠子的方法反复进行。方法熟练后可由自由穿珠逐步过渡到按一定的规律穿。操作熟练后可自己创造穿出简单的图案。

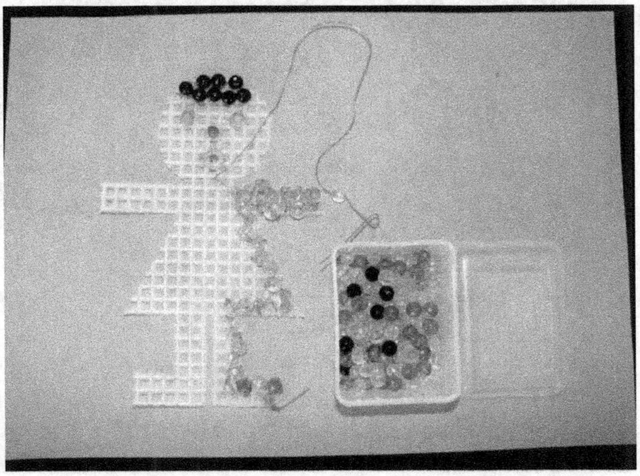

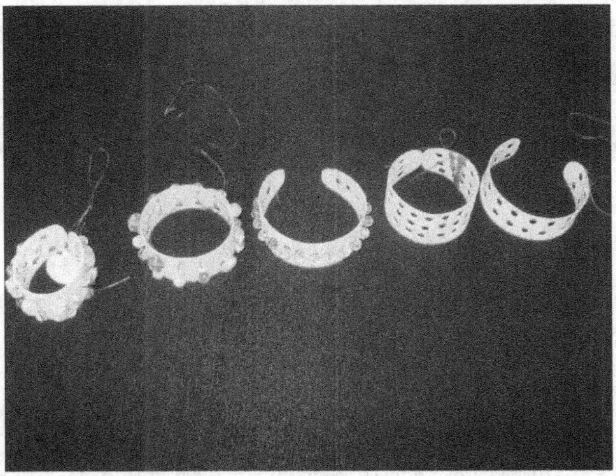

（纪雨梅　姜冉）

（十三）我爱刺绣

活动目标：

1. 学习缝的基本方法，激发幼儿对刺绣活动的兴趣。

2. 发展幼儿手部精细动作及手眼协调能力。

适宜年龄：5～6岁。

玩法：幼儿根据自己的水平，选择不同层次的材料。比如，在花型图案上练习穿针引线，将鱼形图案缝在塑料网上；逐步过渡到在塑料网上尝试缝小房子，在布上绣小花、大树等，能力强的幼儿还可尝试十字绣。

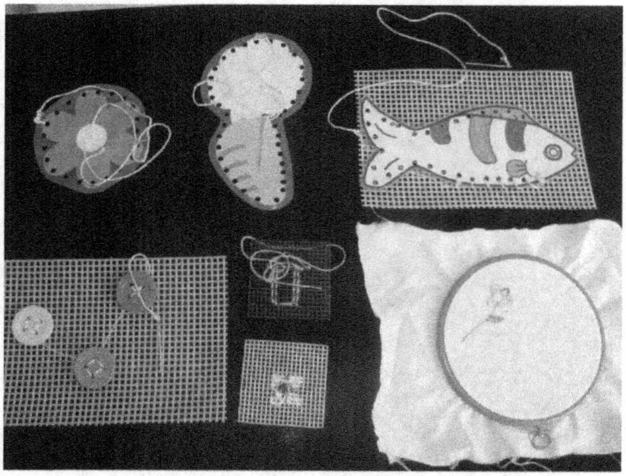

（王永涛）

二、益智区材料照片与说明

（一）水果拼图

活动目标：

1. 初步感知整体与部分之间的关系。

2. 认识多种水果，培养幼儿观察能力。

3. 学习玩简单的拼图。

适宜年龄：2～3岁。

玩法：对应桶盖上的正确指引，拼出多种不同的水果拼图。幼儿操作一段时间后，可把模板撤掉以增加难度。教师还可根据幼儿的水平增加拼图的条数。

（刘宏丽）

（二）图形镶嵌

活动目标：

1. 认识、区分圆形、三角形、正方形、长方形。

2. 练习用圆形、正方形、三角形进行组合拼搭。

适宜年龄：2～3 岁。

玩法：幼儿取出图形后，根据嵌板上的图形找到相应的“图形的家”（如图 1）；在幼儿对图形比较熟练的基础上，可以引导幼儿看图形的正确指引，进行图形的组合镶嵌（如图 2）；幼儿对于组合镶嵌比较熟练之后，可以自己将各种图形进行组合镶嵌（如图 3）。

图 1

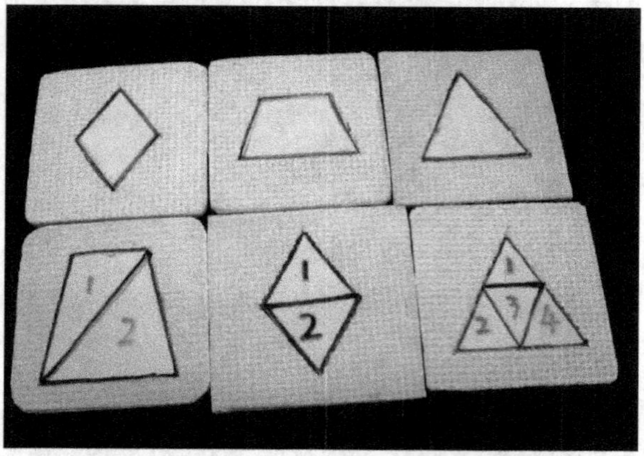

图 2

图 3

（柴红梅）

（三）可爱的毛毛虫

活动目标：

1. 按物体的大小练习正排序。

2. 锻炼幼儿手眼协调能力以及小肌肉动作的灵活性。

适宜年龄：3～4 岁。

玩法：以变毛毛虫为情境，引导幼儿将圆形按照从大到小的顺序依次排列并用螺丝钉连接，最后成为一条可爱的毛毛虫。

（谢金香 ）

（四）火车数字接龙

活动目标：

1. 认识 10 以内的序数并练习点数，理解数的实际意义。

2. 学习 10 以内数的顺数和倒数。

适宜年龄：4～5 岁。

玩法：

1. 点数车厢上的点数，按 1～10 或 10～1 的顺序排好，并用螺丝钉进行固定。

2. 认读数字卡，按 1～10 或 10～1 的顺序排好，并用螺丝钉进行固定。

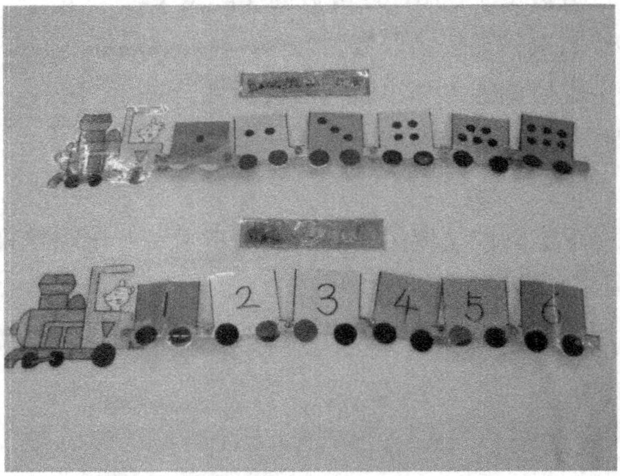

（张金玉）

（五）雪人拼图

活动目标：学习点数10以内的数，理解数的实际意义。

适宜年龄：4～5岁。

玩法：幼儿点数出每块拼图上的点数，对应底板上的数字拼出雪人。

（张金玉）

（六）水果串

活动目标：

1. 学习点数数字1～10，理解数的实际意义。

2. 练习按数取物和按物取数。

3. 发展手眼协调能力和小肌肉的灵活性。

适宜年龄：4～5岁。

玩法：

1. 按数字卡上的数字取出相应数量的水果，并用螺丝钉将水果与数字连在一起穿成水果串。

2. 点数连接好的水果数量找出相应的数字，用螺丝钉将水果串和数字固定。

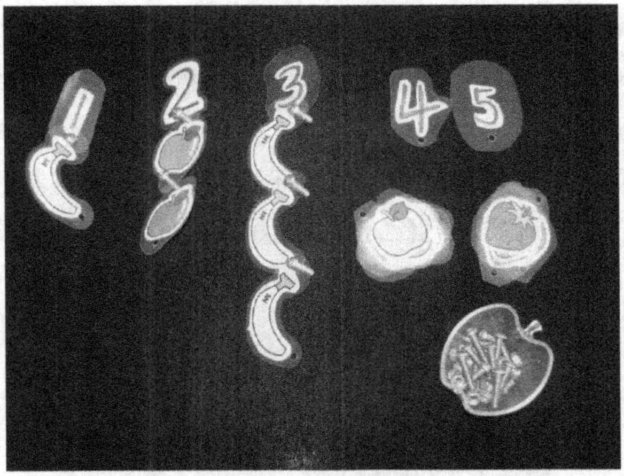

（张金玉）

（七）三点连线

活动目标：

1. 感受点和线之间的关系。

2. 培养幼儿细致观察和灵活反应的能力。

适应年龄：4～5岁。

玩法：两个幼儿各执不同颜色的棋子，轮流在棋盘上放棋，尽量让自己的三个棋子连成一条线（横、竖、斜均可），同时注意不要让对方的三个棋子连成一条线。如果一方的棋子先连成一条线，就可以把对方的棋子拿走一颗，最后棋子多的一方获胜。

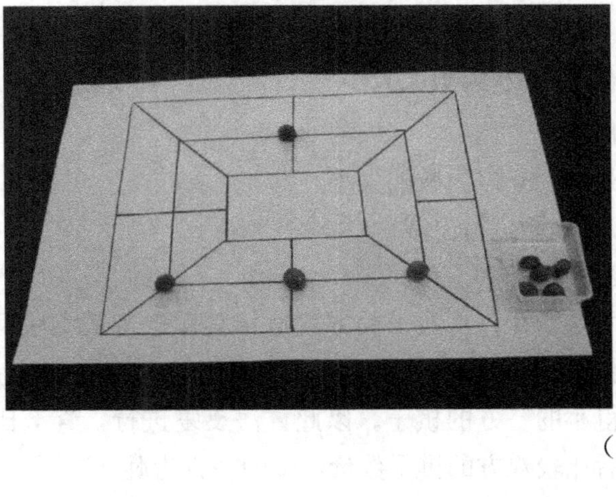

（王志媛）

（八）争红旗

活动目标：学习手口一致地点数5～10，激发幼儿对棋类活动的兴趣。

适宜年龄：4～5岁。

玩法：两名幼儿进行游戏，幼儿通过猜拳决定投自制骰子（点数为5～10）的先后顺序。根据自己投得的点数，点数心形的台阶并将小旗插入相应的小管内。先到达山顶得到红旗的一方为胜。

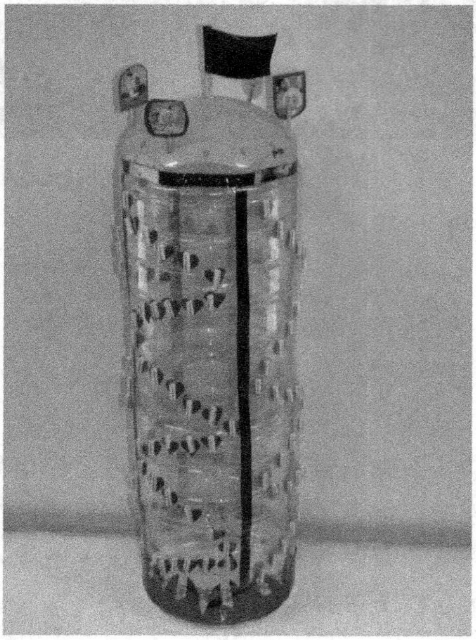

（孙淑芝）

（九）喜洋洋和灰太狼比大小

活动目标：

1. 学习比较10以内数的大小。

2. 学习按规则进行游戏。

适宜年龄：4～5岁。

玩法：两名幼儿以掷骰子的方式选择喜洋洋与灰太狼两种棋子。选择后两人从自己的棋子中同时选择一颗并翻棋，比较棋上点数的大小，大的一方赢得小的一方的棋子。以此方法反复进行，直至比较完棋盘中的棋子。最后比较双方的棋子数量，多的一方为胜。

（孙淑芝）

（十）鸡毛蒜皮

活动目标：

1. 能按规则进行游戏，感受规则游戏的快乐。

2. 能手口一致地移动棋子。

适应年龄：4～6 岁。

玩法：先按棋盘上的小点把棋子摆好，一人先走并说“鸡毛蒜皮”，一字一步走四步。说到“皮”字时如与另一方棋子重合即可吃掉对方一子，两人轮流走，先吃完对方棋子者为胜。

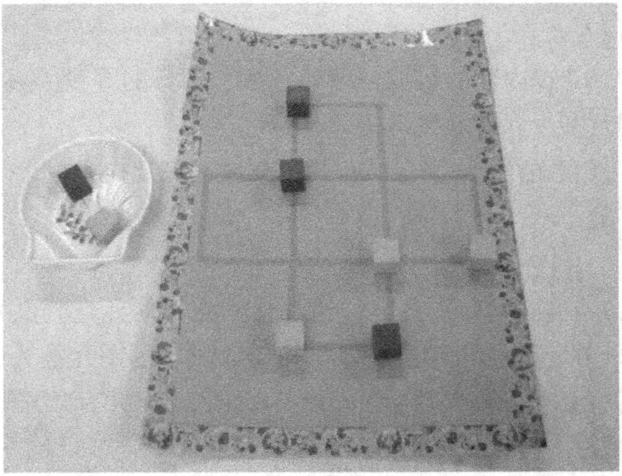

（王彩红）

（十一）菜青虫算加法

活动目标：

1. 学习数的分解与组成，初步学习简单的加法。

2. 发展小肌肉动作的灵活性。

适宜年龄：5～6 岁。

玩法：根据毛毛虫头上的数字找到相应的加法算式，并连接成毛毛虫。

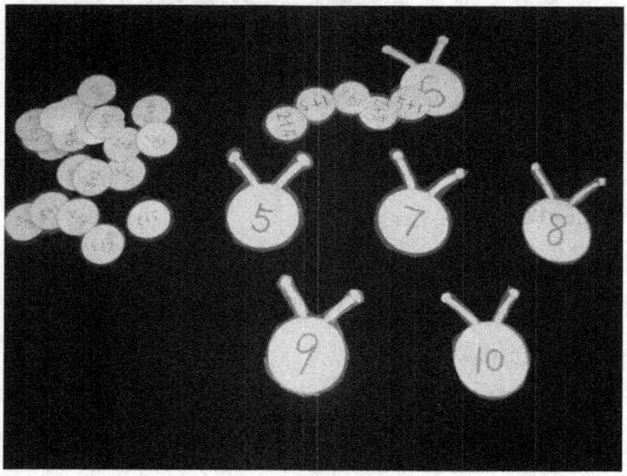

（张金玉）

（十二）喜洋洋编应用题

活动目标：

1. 学习 10 以内数的组成，理解总数和部分的等量关系，以及部分数与数之间互补、互换的关系。

2. 学习用数的组成进行 10 以内的加减运算及列式。

适宜年龄：5～6 岁。

玩法：

1. 可将“羊群里有几只羊”的数量固定，幼儿选择其他数字插入“又来了几只羊”的透明口袋里，将相应数量羊的图片插入旁边的口袋里。点数图片上所有的羊，将总数的卡片插入“一共有几只”的口袋里，并根据图片列算式，插入最下方的透明口袋里。

2. 熟练以上玩法后，可请幼儿自己选择各位置的操作卡进行操作游戏。

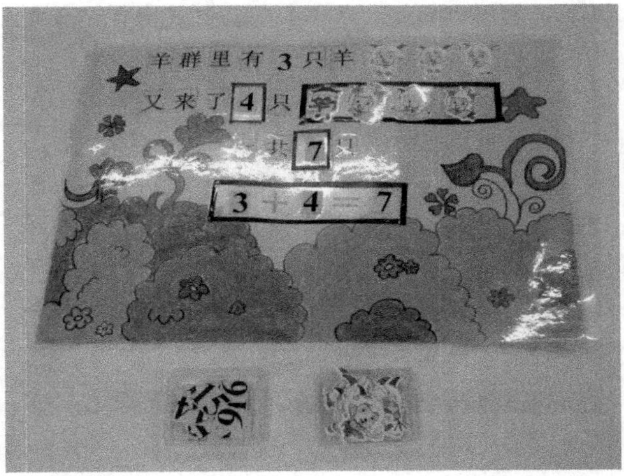

（纪雨梅）

（十三）趣味钉板

活动目标：

1. 感知几种平面图形的特征。

2. 初步理解平面图形的简单关系。

适宜年龄：5～6岁。

玩法：教师提供长方形、三角形、鱼、五角星、蝴蝶、房子等图形照片，幼儿根据自己的兴趣选择喜欢的图形，用彩色皮筋在钉板上绕出各种图形。操作熟练后可根据自己的兴趣，创出新的图案，如大树、雨伞、花等，发展幼儿空间知觉能力。

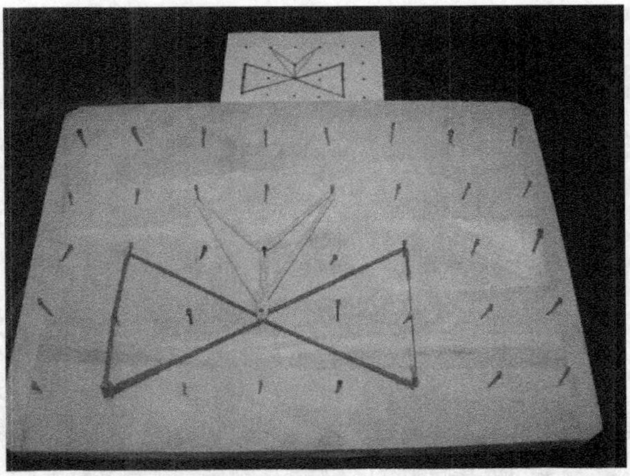

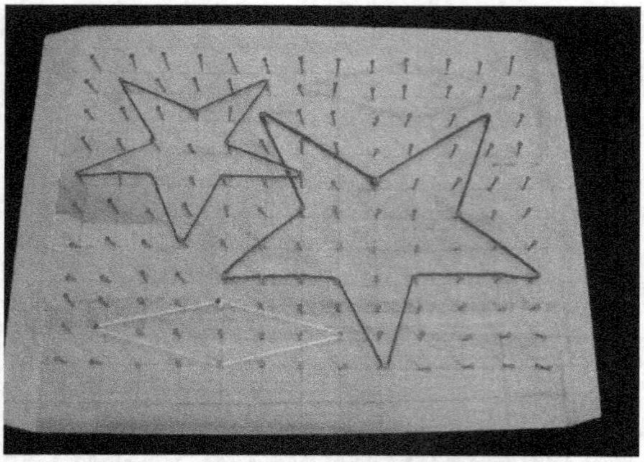

（王永涛）

（十四）钟表

活动目标：

1. 认识时钟，学会看整点和半点。

2. 能根据时间，准确的用指针表示整点和半点。

适宜年龄：5～6 岁。

玩法：

1. 一人玩时，自己看题卡上的时间拨动指针，然后可以看下一页的正确指引，检查对错。

2. 两人玩时，可以一人看题卡说出时间，另一个小朋友根据时间来拨钟表。拨好后，说时间的小朋友可以根据下一页的钟表指针来检验同伴的对与错。

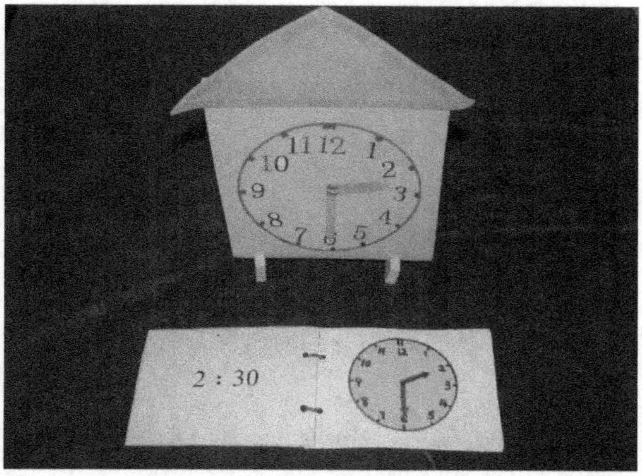

（朱艳红）

（十五）记忆棋

活动目标：培养幼儿的观察力和记忆力，学习简单的游戏规则。

适宜年龄：5～6 岁。

玩法：幼儿先观察小洞内的图案，然后将所有的彩瓶随意放到小洞内。两名幼儿猜拳决定谁先翻看。一次翻两个，如果翻到的小洞中的图案相同，则小瓶属于自己。如不同将小瓶放回原位，换另一幼儿翻看，最后获得小瓶多的一方为胜。

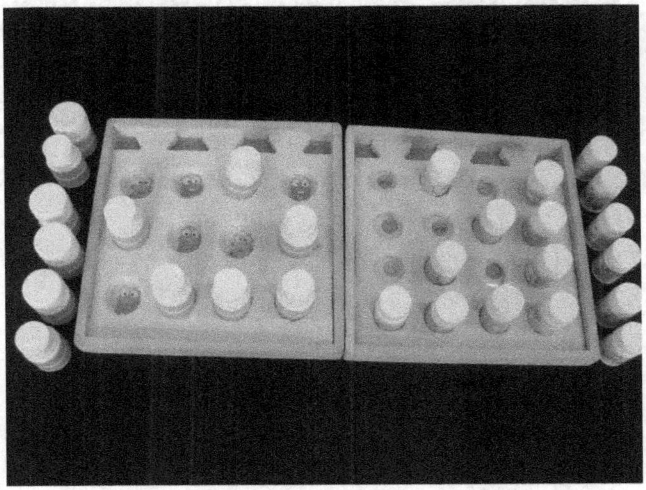

（袁慧颖）

（十六）上学棋

活动目标：

1. 简单了解小学生活，感受玩规则棋的乐趣。
2. 练习 30 以内数的顺数，培养幼儿的规则意识。

适应年龄：5～6 岁。

玩法：两到三个小朋友猜拳决定游戏顺序，以掷骰子的方式决定自己走几步。从起点出发，每次走到最后一步时若遇到图画要看清自己是前进还是后退几步。两人交替游戏，先到达终点的幼儿为胜。

（郝继红）